山口カフェ散歩

國本 愛

はじめに

「カフェってなんだろう?」

この仕事を進めながら、ひらすら考え続けた言葉だ。これまでカフェにあまり足を運ばなかった私の頭には「山口県にカフェってあるの?」という疑問が浮かんだし、「美味しい」と言われる珈琲の味も知らない有様だった。

そんな私が山口のカフェ巡りを始めて約一年。幕末維新の城下町・萩や、九州との玄関口・下関、山奥にある昔懐かしい温泉郷、日本有数の大鍾乳洞や雄大なカルスト台地……。取材という「旅」を続ける中で、珈琲や食、空間作りに情熱を傾け、人との触れ合いを大切にする店主との、忘れがたい貴重なひと時を過ごしてきた。そして今では、自宅に珈琲の道具が並び、山口のカフェの魅力のトリコになった。


カフェとは、珈琲が美味しいだけではなく、店の居心地や雰囲気、店主の人柄、食事ができるか、美味しいデザートがあるか、友達とのんびりおしゃべりできるか、イベントやライブはあるか……。店主が箱をつくり、お客がその中で自由に遊べる空間なのだと、知った。

「珈琲は嗜好品。数ある中から好みの味を探してほしい」とある店主が言ったが、カフェ選びも同じことが言える。信頼でき

る友人知人からカフェ情報をもらい、ネットで調べ、自分でも実際に足を運び、悩みながらも、結果的には私自身の「興味」や「直感」が基準となり、ご縁のあった店を取材させていただいた。たまたま長期休業中などで載せたくても載せられない店や、50軒のアポをとった後に知った店もあり、それは今でも残念で仕方がない。文章は、店主と話さないと知り得ない想いやこだわり、店の背景などに重点をおいて書いた。

山口県は本州の一番西にあり、南国の空気が明るく開放的な瀬戸内海と、「演歌」を連想させる荒々しい波と凛とした空気の日本海、ふたつの海に恵まれて、地域それぞれの魅力がたっぷり詰まった宝箱。都心とは違うゆるゆるとした時間の流れや、店主がマイペースに個性を発揮できる土壌も、この県ならではだ。

『山口カフェ散歩』が山口での旅を豊かにするお手伝いになれば、この上ない幸せです。

もくじ

下関・宇部

萩・長門

④ 萩・長門
島根県
広島県
阿武町
① 山口・防府
萩市
長門市
② 周南・岩国・瀬戸内
山口市
美祢市
岩国市
下関市
周南市
和木町
宇部市
山陽小野田市
防府市
光市
柳井市
平生町
周防大島町
上関町
③ 下関・宇部
下松市
福岡県北九州市
田布施町

山口エリアマップ

山口・防府

県のほぼ真ん中、県庁所在地である山口市は室町時代に大内氏の本拠地となり発展。国宝・瑠璃光寺五重塔、京都の鴨川を模した一の坂川の桜や蛍、15分おきに市街に響くザビエル記念聖堂の鐘音など、大内文化は今も鮮やかに息づいている。滝や奇岩、深淵が四季折々に美しい風情を見せる長門峡、日本最古の天満宮で日本三天神の一つとされる防府天満宮にも、足を延ばしたい。

甘さを引き出す焙煎とネルドリップで
本格深煎りコーヒーを

原口珈琲

木の葉一枚一枚の色を変えて風景画を描いた子ども時代。「ハマるともうそればっかり」という気質は、大人になってコーヒーの世界へと開花した。

オーナーの原口洋子さんは山口市出身。20歳の頃に上京し、東京でコーヒーの魅力に「ハマって」以来その仕事ひと筋に、ネルドリップコーヒーの名店「大坊珈琲店」で6年修業、その後は6年滞在したフランスでコーヒー屋として独立、そして帰国後の2014年8月に地元・山口市に「原口珈琲」をオープンさせた。この業界で働き始めてから、気づけば20年が経っていた。

「今の私の深煎りコーヒーと、私が大坊さんで働き始めた頃のものは、近かったと思うんです」と原口さん。それは味ではなく、煎りの深さ。「焙煎過程で、2ハゼ以降は焦げるのが早い

んです。だから上げるタイミングと、甘みが出るポイントを瞬間的につかむんです」。このギリギリの判断こそが大坊さんから譲り受けた技術であり、甘みこそが原口さんの真骨頂なのだ。

　コーヒーは嗜好品なので好みは千差万別。だから嬉しく感じるのは、10人のうち1人でも好きと言ってくれる時だ。大坊さんから学んだ大らかで柔軟なこのスタンスは、原口さんの生き方にも通ずる。フランスに渡り、ポーニックという田舎の港町のマルシェで一人、ネルドリップコーヒーの屋台を始めた原口さん。自家焙煎した深煎りの〝YOKOブレンド〟の誕生だ。だが地元のコーヒー屋の評価は「こんな焦げたのフランス人は飲まないよ」という辛辣なもの。フランスにはネルドリップという淹れ方はなく、中煎りくらいの豆をエスプレッソにする文化な

〒753-0087
山口市米屋町2-35 mambo2F
tel・083-928-5766
11時～18時
（木曜13時30分～）
休・火・水曜
（祝日の場合は営業）
※臨時休業もあるので、事前の電話確認が確実
P・なし
禁煙
MAP・P138

自家焙煎ネルドリップ珈琲 540円
カフェ・オ・レ 600円
アイリッシュロイヤルミルクティ 600円
知覧煎茶 300円
自家製おいしい梅酒 550円
和三盆チーズケーキ 450円
本日のおすすめランチ 900円～

のだ。「でもフランス人の反応がすごいおもしろかったんです」とカラカラ笑う。一番言われたのは「変わってる！」。そして「こんなコーヒー初めて飲んだ」と足繁く通う客もいた。

このブレンド、今は駅通りから少し入ったセレクトショップ「マンボ」の2階で味わえる。もともとマンボのオーナーがショップ客にコーヒーを供するために造った一角だ。客として通いつめていた原口さんが「いずれ珈琲店を」と語り、「じゃあここでやってみる？」という運びに。コーヒーはもちろん、週替わりのランチ目当てに毎週通う常連もいる。元来、料理好きの原口さんは、フランス滞在時にレストランで働いた経験を持ち、ママン直伝で家庭料理も教わった。「でもいずれはコーヒー一本で」と笑いながら本音（野望？）を口にした。

野菜をたっぷり摂りたい日はここへ
「町のホットステーション」

ベジタブル喫茶 Toy Toy《トイトイ》

「最近、野菜を食べてないので」「今日ちょっと体調悪いから」と、客は気軽に足を運ぶ。肉好きな人や男性、野菜が苦手な子どもも好んで通う、アイヌ語で「土」を意味する玄米菜食の店だ。

村田敦さん、直子さん夫婦によるランチプレート。約10種類の野菜や穀物のおかずはどれも手がこんでいて、旬の野菜の良さが引き出されている。玉ネギの和え物は、「ゆずの皮の塩漬けを入れます。玉ねぎを炒めて塩で味付けして最後に豆乳で溶いて……」。13時半以降に登場するパスタも「ホタルイカは仙崎の行商のおばちゃんが来とって。それと道すがら拾ったフキノトウを合わせました」。客との会話を聞いてるだけで食べたくなる。「家でも野菜をたくさん食べてほしい」とレシピを教えてくれるのだ。京都の料

〒753-0083
山口市後河原37-1
tel・070-5057-0821
11時30分～OS14時30分
休・金曜、不定
P・2台
禁煙
MAP・P138

コーヒー 400円
豆乳チャイ 400円
豆乳ココア 400円
梅サイダー 400円
アップルジンジャー 400円
デザートとドリンク 600円
ランチ 1000円
ランチとドリンク、ひとくちデザート 1300円

理教室で炊き方を習った玄米ご飯は、もちもちで滋味深い。コーヒー豆は東京にある「ろばや」から。無農薬でエグ味がなく、「毎日飲んでホッとする」味だ。ほかにも、毎年仕込む無農薬の梅シロップを使った梅サイダー、オーガニックスパイスとてんさい糖の自家製シロップで作る豆乳チャイなど、優しく体に染みる飲み物が並ぶ。

店内は、多趣味な二人の集めたものが不思議とスッキリまとまって居心地がいい。地ビールの熱狂的ファンだったり、「コブシメ3兄弟」というバンドをしていたり、映画&車両マニア、道の駅&食べ歩き好き、本好き、花好き、猫好き。ハマるととことん凝る。こういった「おもしろい」刺激を元に、トイトイならではの料理が今日も生み出される。

お茶の葉が開くのをただ眺める
安らかなひとときを

茶座《チャザ》

胡弓の艶やかな音色、店を通り抜ける涼風。小さなお茶碗に何回もお茶を注いでもらう。中国茶芸師のオーナー阿武《あんの》直子さんが、「中国茶の楽しみの三分の一は味、もう一つは香り、あとは葉っぱの状態を見ること」と教えてくれた。初めてでも親しみやすい、中国茶と台湾茶の店だ。

中国の文化サロン的役割を持つ「茶館」でお茶に携わる専門職を、中国茶芸師という。大阪でツアーコンダクターをしていた20代の頃、中国・台湾でお茶のおいしさに心奪われ、30歳で経済発展目ざましい中国・蘇州へ渡った。外国人は珍しいという杭州の中国国際茶文化研究会で講習を受け、資格を取得。中国に7年滞在後に帰国し、2006年3月に開店した。

今も定期的に仕入れの旅へ。お茶の恩師推薦の茶葉を、「どれもきれい

〒753-0088
山口市中河原2-15
tel・083-920-6401
11時～17時
休・火・水・木曜
P・2台
禁煙
MAP・P138

お茶 ALL500円
杏仁豆腐 200円
自家製 肉ちまき 1個380円
午後のティータイムセット
　1000円
〈平日〉肉ちまきと水餃子セット
　1000円
毎週日曜は飲茶デイ（お茶込み）
　平均1500～1800円

な良いものです」と愛おしそうに見つめる。烏龍茶と普洱《プーアール》茶を主に、季節の茶葉が約15種類。「南国美人がほほえんだようなお茶いかがですか?」と味をイメージで伝えると、「みなさん、日に焼けたニコニコっとした東南アジア美人を思い浮かべたり」とフフッと笑う。「王様がパイプを吸ってるようなお茶」「龍が流した涙」、選んだお茶でなんとなく心境がわかるという阿武さん。「お客様に楽しんでもらいたい」という想いから、数年前から飲茶のランチも始めた。

　旧友を訪ねるような親しみと安心感が阿武さんへの印象だ。コーヒーと違い、お茶はお湯を注げば長く味が出続ける。「お茶がおいしい間はごゆっくり」という気持ちと、「何を話しても受け入れてもらえる」という雰囲気に、この店の客は今日も饒舌になる。

「好き」がキュッと詰まってる
薪ストーブとコーヒーで芯からほっこり

Jasmine.《ジャスミン》

桜並木やホタルがとても美しい一ノ坂川沿いの「ジャスミン」。「竜福寺やザビエル記念聖堂の鐘も聞こえて。冬は東鳳翩山《ひがしほうべんざん》の雪化粧がすごくきれい。瑠璃光寺《るりこうじ》の五重塔は週1回行きます」と、オーナーが近辺の魅力を教えてくれた。

オープンに向け背中を押してくれたのは「旅」。沢木耕太郎の『深夜特急』がバイブルという、旅好きだ。もし明日が無事かわからない環境にいたら、迷わずやりたいことをやる。これは旅が教えてくれたこと。「で、やっちゃえと思って」と笑う。

陽光柔らかな明るい店内には、とけこむように薪ストーブが置かれている。寒い時期は、揺れる炎と暖かさに癒される。ここはもともと築30年以上の民家だったが、理解ある大家さんと、空間デザインも提案してくれる大

〒753-0083
山口市後河原177
14時～close
休・月曜
P・1台
分煙
MAP・P138

コーヒー 550円
ケーキset 880円
シングルモルト 880円～

工さんとの出会いがあり、「オーナーになる」夢がかなった。２階まで温もるように吹き抜けに造り変えた天井には、帆布《はんぷ》の天井扇がゆっくり旋回している。

ここは入店すぐにカウンターで注文し、お金を払うシステム。注文ごとに挽いた豆を、直火式のエスプレッソメーカーで淹れる。洗剤を使わず洗うのだが、自然とコーヒー豆の油分がついてくれて、使えば使うほどいいエスプレッソメーカーになってくれる。もう20年近く裏千家でお茶をたしなむオーナーは「使うほどお湯がまろやかになる鉄瓶に、似てるところがある」と語る。

山口に来て、東京では得られなかった経験や体験をたくさんしてきた。「微々たる力かもしれないけど、魅力を伝えて盛り上げたい」

キッシュとタルトとフランス食糧雑貨
幸せいっぱいのエピスリー

ÉPICERIE《エピスリー》 TORY《トリイ》

　東京でフレンチの料理人だった鳥居祐次さんと、カフェやビストロでフロアーの仕事をしていた妻の真樹さんが、山口市で開いた西欧料理店「オットバル」。ここで提供していたタルトやキッシュが評判になり、テイクアウトのできるカフェとして2012年2月にオープンした姉妹店だ。「エピスリー」はフランス語で「食糧品店」。ヨーロッパの食糧品、小さなスイーツギフトなども売っていて、待ち時間も楽しい。

　味の良さはもちろん、デザインがおしゃれなタルトは真樹さんの担当だ。店を持つまでは、一流の料理人の品を販売する側だった。ホールで様々なお客や商品とふれ合い、独学で知識と経験を蓄えた。「だから職人さんの周りをすごくウロウロしてました」とニッコリ。ハイクオリティーな東京の飲食店を巡り、舌も鍛えた。これまでのサー

〒753-0074
山口市中央3-2-32 1F
tel・083-941-5820
11時～18時（OS17時30分）
休・水曜、第1・3木曜
P・10台（共同）
禁煙
MAP・P138

エスプレッソ 430円
カフェラテ 480円
パッションフルーツペリエ 600円
タルトモンブラン 500円
タルトショコラ 450円
キッシュロレーヌ 420円
カフェ・セットA 830円
ガレットランチ 1350円

ビスの蓄積が、今のデザート職人としての真樹さんにつながったのだ。自分が作る立場に立っていいのかと、常に葛藤の日々。けれど、料理とデザインのセンス、地道な努力なくしては、あのデザートは作れない。

地道な努力は、イリーの豆で淹れるエスプレッソにも通ずる。帰郷後、下関のカフェの運営を委託された二人。ここで真樹さんは初めてイリーの豆とエスプレッソマシンを使い、1日に100～300杯をお客に作り、「ひたすら反復練習で特訓」したのだ。

天井は高くガラス張り、開放的な空間のイメージカラーは赤と白。フロアをシェアしている花屋が青で、フランス国旗のトリコロールが店内のイメージ。

ガレットやキッシュ。ここでちょこっと、フランスの食の旅をしよう。

安心おやつと“おもたせ”
ナンテンスイーツでほんわか和む

nanten《ナンテン》

「どこを食べても生クリームがあって、大好きなんです」と、笑顔がチャーミングなオーナー・今川雅代さんがニコニコ話す。試作100本の末の自慢のロールケーキに、添えたナンテンの葉の緑が映える。陽光明るい店内は、大きな窓の反対側の壁に描かれた「窓から見える木々」の絵が印象的だ。

会社勤め、美容師を経て、「やっとしっくりくるものが見つかった」。人と接することと食べることが好きで、小さい頃からお菓子作りが大好き。カフェは天職だ。約13年勤めたオーガニックカフェ「フランク」で、素材の味を生かす調理法、ハーブや調味料の使い方を学んだ。そして気づいた、野菜が持つ鮮やかな色。だから「ナンテン」のひと皿は、彩り豊かな畑のよう。おいしさが評判の野菜や米は、義母が農薬を使わず育てた旬のもの。それをきび砂糖や自然

〒753-0214
山口市大内御堀2591-14
tel・083-902-5618
10時30分～17時30分
休・木曜
P・10台
禁煙
MAP・P138

nantenブレンド 420円
はぶ草茶 500円
グレープフルーツ&ジンジャージュース 550円
ロールケーキ 420円
ショコラケーキ 470円
specialパンケーキ 780円
週替わりランチ 1050円
サムゲタン（生春巻き付）920円

塩、秋川牧園の卵などで調理する。どれも人柄どおりのやさしい味だ。

　コーヒーは市内の自家焙煎コーヒー屋「花あそび」の豆だ。おしゃべりにたっぷり花を咲かせた後でも、いい味を保つ。おすすめ「グレープフルーツ&ジンジャージュース」は、自家製ジンジャーシロップの甘みと生しぼりグレープフルーツの酸味が調和し、格別。その日の朝に煎って作る、義母の畑のはぶ草茶は香ばしく体に染みる。

　子どもが3歳の頃、「店を持つのはもう少し先」と考えていた今川さん。夫・理《おさむ》さんの「夢を先延ばしせんで、やりたい気持ちがいっぱいのときに」という言葉と、その後の大きな協力を得て、2013年4月にオープン。近所の子が100円をにぎりしめ、テイクアウトのきび糖ドーナツを買いに走る風景が、「ナンテン」らしい。

温泉街・湯田にぴったり
ほっぺた落ちる本格的ジェラテリア

gelato&coffee《ジェラートアンドコーヒー》 Pelo《ペロ》

毎日手作りする生ジェラートは6種類。県産&季節の素材や、安全・健康な秋川牧園の牛乳を使う。着色料や香料は不使用。人気は、定番「秋川さんちのしぼりたてジャージー牛乳」、ビターチョコたっぷり「チョッコラータ」。春は美東イチゴの「いちごミルク」。夏は周防大島・山本果樹園のみかん「なつみのソルベ」。夏~秋は阿知須カボチャ「くりまさる」。冬は防府産安納芋を焼き芋にして作る「焼きいも」。小野茶の「ほうじ茶ジェラート」、完熟トマトのソルベ……。いつ来ても違う味が楽しめる。「ジェラートと合うんですよ」と勧められたコーヒーは、「コーヒーボーイ」の豆で淹れる。

湯田で生まれ育ったオーナー竹村美栄さんは、祖父の代から続く、お向かいの「栄寿司」の娘。面識のなかった大家さんは当初、店舗として貸すの

〒753-0056
山口市湯田温泉1-7-26
tel・083-920-1444
11時30分～19時
（売り切れ次第終了）
休・火曜、不定
（祝日の場合は営業）
P・2台（ただし17時まで）
禁煙
MAP・P138

Peloブレンドコーヒー 410円
エスプレッソ 310円
カフェオレ 510円
紅茶 410円
アフォガード 610円
生ジェラートS（シングル）
360円～
生ジェラートW（ダブル）
410円～

を断ったが、「ここに住んでたうちのおばあちゃんが、（竹村さんの）おじいちゃんにお世話になった」と、快く貸してくれることに。「会ったことのない祖父に助けてもらった」という、地元ならではのエピソードだ。

築70年以上、大切に住まわれてきたこの家は、趣きを残したまま品良く年を経ている。レトロかわいいふすま障子や粋なデザインのガラス戸、柱など、どこも当時のままだ。畳敷きの客間は天井高く開放感があり、渋くて味のあるちゃぶ台がしっくりとくる。

メーカーを訪ねた時に食べた、できたてジェラートのおいしさに感動し、店をやると決めた。一旦はあきらめたが、「やると決めたから中途半端なことはしたくない」と、思いきって開業。今では湯治客や地元客の憩いの場となっている。

ゆったりした時間の中で 豊かな自然とアートを楽しむ

自由創作いとう

「アート」と緑豊かな「環境」が魅力の伊藤家のカフェ。広い里山の敷地には川が流れ、奥から母屋、ログハウスカフェ、ガラス工房が並ぶ。ここで、父・文男《ふみお》さん、母・雅代さん、長男・太一さん、長女・松野実起さん、次女・小《こ》藤《ふじ》友美恵さんが、作品づくりと販売をしていたが、「買い物後にゆっくりお茶を」と、2008年8月にカフェをオープン。雅代さんが「コーヒーボーイ」の豆とおいしい井戸水でコーヒーを淹れ、友美恵さんがケーキを焼く。

祖父は設計士、叔母は彫刻家。そして木の温もり感じる作品を作る木工作家の父。織りの魅力にとりつかれ30年余り、糸の染めから一枚の布を丁寧に織り上げる母。生まれた時から物づくりの環境に恵まれた子ども3人は、母の「やりたいことを見つけてほしい」という想いもあり、アメリカ

〒747-0231
山口市徳地堀4115
tel・0835-53-1060
10時〜17時
休・水曜、1日・10日
P・7台
禁煙
MAP・P138

コーヒー 400円
アイスコーヒー（4〜10月）
400円
紅茶 400円
100%みかんジュース
400円
本日の手作りケーキ
400円
ケーキセット 700円

の芸術大学でアートを学んだ。

太一さんは在学中、他の素材とは違いなかなか形にならないガラスにのめり込んだ。帰国後、2004年に工房を開設。以後、ヴェネチアングラスの技法を取り入れた吹きガラス作品を県内外で発表。実起さんは絵の勉強のため高校途中から留学し、大学では服飾を専攻。現在、アフリカンテイストな服や小物を製作。友美恵さんは子どもに英会話を教えるため大学で幼児教育を専攻。帰国後、独立して10年ほど英会話教室を開いていたが、今は小さい時から大好きだったお菓子作りを担当している。

早くに巣立った子どもが好きなことを見つけて自立したのち家に戻り、皆で助け合いながら新しい「家」をつくる。核家族が多い今、心に響く家族のあり方ではないだろうか。

フランス伝統菓子と新しい創作菓子
菓子に込めた多彩なハーモニー

Pâtisserie《パティスリー》 Café《カフェ》 L'oiseau《ロワゾ》 Bleu《ブルー》

お菓子作りのマジシャンに出会った。「一つのケーキの中にいろんなストーリーを閉じ込めているんです」というオーナーシェフ・棟久智之《むねひさともゆき》さんは、口に含んだ各素材の瞬間的なハーモニーを何通りも想像し、極上の味を紡ぎ出す。それをゆっくり堪能することが、伝統製法を大切にしながらも新しい発想で〝この世に一つ〟の菓子を生み出すこの店での、「食の楽しみ方」だ。

「時間をかけること」、そして「素材の個性を生かして手を加え、違ったおいしさを表現すること」。一つ作るのに時間をかけるほど〝商売〟から遠のく。それでも「伝統的なものはそのルールにのっとり、きちんと作りたい」という揺るぎない信念。「ムラングシャンティ」のメレンゲは低温でじっくり13時間焼き上げ、「オペラ」は伝統レシピに従い全10層。どのケーキも手間

〒754-1277
山口市阿知須509-16
tel・0836-65-1005
9時30分～19時
（OS18時30分）
休・火曜（祝日の場合は営業）
P・30台
禁煙
MAP・P138

エスプレッソ 389円
カプチーノ 497円
マリーアントワネット
（紅茶） 648円
ルイボス・ア・ラ・カモミール
（ルイボスティー） 540円
オペラ（ケーキ） 470円
ムラングシャンティ
（ケーキ） 410円
カヌレ（焼き菓子） 216円
ランチ 907円～

を惜しまずクオリティーを高める。この日々の研鑽は、コンクール優勝など実績として評価されている。

子どもの頃からの料理好き。東京の名店やフランスで菓子修業に邁進した。笑顔とユーモアの絶えないフランス人と接し、「日本人は人生を楽しむことが人一倍ヘタなんだ」と感じた棟久さん。「日本人が1日3回の〝食〟をもっと楽しむための入り口になれたら」という想いを形にしたのがカフェスペースだ。ここに来た時だけは、たゆたう空の雲と行き交う車を窓越しにぼんやり眺めて、ひと口ずつ味わってほしい。ケーキの良さがより引き立つ厳選したスペシャルティコーヒーとのマリアージュが、新たなストーリーへといざなってくれる。山口市の県立美術館内にある姉妹店「プリュムブルー」でも。ハーモニーは無限大だ。

古き懐かし木造建築の元旅館
築100年の空間でゆったり

空間茶天《クウカンチャテン》

日本三大天満宮の一つ、防府天満宮。そこから延びる寂しげな天神商店街沿いにある、シンプルで何気ない白壁と茶の木製扉。だから想像もしなかった、扉の向こうの別世界。一目惚れした瞬間だった。

細かい窓枠、細く長い板張り廊下、一段高い畳部屋とちゃぶ台、足踏みミシン。四角い庭を囲むように建てられた、昔ながらの木造家屋だ。ノスタルジックだが、どこか異国も感じる。天井高い元土間の重厚なテーブルやピアノ、レンガと色ガラスのエントランスが欧風だ。茶色い鉄製の網戸からは東洋の香りも。この見事な空間デザインはいったい誰が？

私の知る横田弘志さんは鉄もの作家。今回いただいた名刺の肩書きは「町の便利な鍛冶屋さん」。左官、建物の基礎を作る型枠大工、鋳物を扱う会

社……。他にも様々な職種を経験された職人であり、自身でも作品を生み出すアーティストだからこそ、この独創的な空間に仕上がったのだ。

　旅館、祖母の住まい兼薬局を経て、築100年以上の建物は、生まれも育ちも防府だった横田夫婦に2002年に手渡された。修復&大掃除して住み始めたものの、3年といえど空き家だったこの家の傷みはひどく、台風で廊下の瓦屋根がずれて大洪水になったほど。それでもこの魅力的な空間は、店を始める原動力に。「ここでゆっくりくつろいでもらいたい」という想いを抱き、2007年、カレー・ケーキ・コーヒーの店を始めた。

　今のメニューは当時とまったく異なる。コーヒーは弘志さんがオーガニックの生豆を仕入れ、「市販の（家庭用）焙煎機は手が疲れるわりに少ししか

〒747-0033
防府市上天神町6-17
tel・0835-22-0073
11時30分〜15時30分
休・木・日曜
P・2台
禁煙
MAP・P138

自家焙煎オーガニックコーヒー
　380円
チャイ 400円
ラッシー 450円
自家製黒蜜きなこアイス
　350円
おからのガトーショコラ
　380円(ケーキセット680円)
おからの塩チーズケーキ
　410円(ケーキセット710円)
からだ想い定食 1000円

できん」と手回し焙煎機を作り、自家焙煎。食べ物は、無農薬・無化学肥料で育てた自分たちの畑や田んぼの作物、麹菌・乳酸菌・酵母が生きる手作り味噌、無農薬の米麹を使った自家製みりんや塩麹を使い、野菜たっぷりの和定食やケーキを作る。手間暇かけた料理担当は、オーナーであり弘志さんの妻・栄子さんだ。実は結婚前は味噌汁の作り方も知らなかったそう。店を始めてから多くの人と出会い、知識を得て経験を重ね、今に行き着いた。そして原点は、幼い頃からなんでも手作りしてくれた母親。受け継がれた「心」も、この店の味だ。

　保存修復が繰り返された真新しい文化財よりも積み重ねた時間を心地よく感じるのは私だけだろうか。広い空間を二人で切り盛りしているので、時間と心に余裕を持ってお出かけを。

姉妹の視点はいつも〝客の喜び〟
２代にわたる自家焙煎珈琲豆屋

三日月堂珈琲

「いろんな年代の方に来てほしいんです」。赤ちゃん連れのお母さんには小上がりの座敷、足の悪い年配の人にはイス席を、男性一人でも来やすいようにとカウンターも。座敷は10人ほどの団体もＯＫ。店内にも、姉妹の細やかな優しさと、「珈琲を多くの人においしく飲んでほしい」という想いが表れている。

オーナー・大成《おおなり》郁子《いくこ》さんと、妹・牧子さんが２０１３年11月に開店した自家焙煎珈琲の店だ。もとは祖父母が酒屋と日本茶&珈琲豆屋を開き、両親が継いで自家焙煎珈琲豆屋に転身。子どもの頃から慣れ親しんだ珈琲は、二人にとって日常的な飲み物。10年続けた店を両親が閉めた時、「店をやろう！」と郁子さんが思ったのは自然の流れだったのだろう。約8年勤めた花屋を退職し、博多の珈琲豆屋で働いて

〒747-0035
防府市栄町2-2-37
tel･0835-28-8962
10時～19時（OS18時30分）
休･月曜
（祝日の場合は翌日休み）
P･10台
カウンターのみ喫煙
MAP･P138

ブレンドコーヒー 400円～
ストレートコーヒー 400円～
クリーム黒蜜アイスコーヒー 500円
あんこワッフル 500円
きなこパフェ 500円
あんこトースト 350円
ドライカレー（サラダ･コーヒー付）900円
モーニング 500円～

いた牧子さんを誘い、姉妹揃っての開業に至った。

　豆はオリジナルブレンド3種とストレートが10種。味の安定感は、東京の珈琲屋での〝煎り〟修業のたまものだ。一つの生豆を、煎りの深さ（浅め・真ん中・濃いめ）で3種類揃えたりと、珈琲人の心をくすぐる豆が並ぶ。毎朝焙煎し、焙煎後もハンドピック。だから質も良く新鮮だ。淹れる時は粉分量や湯の温度に気を配る。「コーヒーに合うよね」と店で炊いたあんこや、手作りの黒蜜をスイーツに。カレーは山口市で人気の「オニオン座」からだ。「店を始めた頃はただガムシャラでした。今は新しいこともどんどんやって、お客さんに喜んでもらいたい」。珈琲屋の両親を「かっこいい」と感じた〝子ども心〟は、地元で親しまれる〝珈琲屋〟へと成長を遂げた。

メニューも内装も人情も昭和のまま
歴史を刻む喫茶店
エトワル

防府の喫茶店といえば、「エトワル」だ。入り口の種田山頭火（防府出身）のコーヒーにまつわる大きな句碑が、先代の想いを伝える。朝9時の開店とともに馴染み客がモーニングを食べに訪れたり、若い客がお酒の後に23時の閉店までお茶したりと、1951（昭和26）年から半世紀以上、皆に愛されている。昼間は店主・夏井誠さんと妻・明美さんが、夕方からは父・宏さんと母・祥子《さちこ》さんが喫茶を切り盛りし、工房ではコーヒーの焙煎を弟・武《たけし》さんが担当している。

もとは叔母が「女一人で喫茶店？」と言われながらも意志を貫き開業し、叔父が英語教師を退職してから、二人で盛り上げた店だ。軒先きの道がまだ土だった当初、この界隈は「アーケードも人と人がぶつかるくらい」賑やかだった。珍しい自動ドアやアイス

クリーム、なにより叔父の自家焙煎コーヒーが、話題を呼び人を呼び、連日ほぼ満席の大繁盛。二人は50年、お客を迎え続けた。

　何事にもこだわる叔父の焙煎レシピを大切に守り、もう製造中止となったマシンを修理しながら大事に使う。叔母によるアーモンドケーキやチーズケーキは、広島の洋菓子店で修業した誠さんが受け継いでいる。軽食やデザートなど昔ながらの豊富なメニューの中でも、濃厚なソフトクリームぎっしりのパフェは、多くのお客が舌鼓を打つ。この甘味にまつわる面白いエピソードがある。近所に自衛隊基地があり、入隊したての隊員に先輩がパフェをおごる「対番返し」という登竜門的な習慣が、店の歴史とともに続いている。男子20~30人がスイーツを必死になってかっこむ姿はさぞ圧巻だろう。

〒747-0034
防府市天神1-3-6
tel・0835-23-7107
9時～23時
休・第1・3月曜
（祝日の場合は営業）
P・なし
喫煙
MAP・P138

自家焙煎コーヒー 450円
アイリッシュコーヒー 700円
コーヒーゼリー 500円
自家製ケーキ 360～450円
ケーキセット 780円
パフェ 750円～
ミックスサンド 550円

手入れの行き届いた2階席は、金輪っかの仕切りがレトロかつ不思議な空間を演出している。防府の画家による赤と青が印象的な絵と、東郷青児の原画(!)数点が目を引く。コーヒーを撮影していると、常連特等席の1階から、「久しぶりに飲んで、うまかったよ～♫」と年配男性のご機嫌な声。「取材で冷めたろうから」と私にまで誠さんが温かいコーヒーを淹れ直してくれて、思わずホロリ。

「ここをみんなが集える交流の場にしたい。高齢者の方は特に。来たくても来られない方のところには30分でも話をしに、出張コーヒーを届けたい」と、ヘルパーの資格を持つ誠さんが語る。昔ながらの人情をしみじみと感じられる、それがエトワルだ。

五感を満たす一杯から
新たな物語が生まれる

コラム クリエイティブにカフェ散歩

カピン珈琲

少年時代、魚釣りに出かけた時、父が母に内緒で買ってくれたUCCロング缶。これが亀谷《かめたに》靖之さんのコーヒー物語の始まりだ。今は妻の千晴《ちはる》さんと、自家焙煎の豆とコーヒーにまつわる道具を、ウェブ&「珈琲豆御渡所〝龜〟」で販売している。

学生時代に初めて焙煎した一杯は、見かけは良いが味は非なるもの。探究心旺盛な靖之さんはその原因を探るべく、学者のような熱意と眼差しで丁寧に、研究・実験を繰り返した。豆は品種改良されていない在来種を使い、出張喫茶の水も毎回、故郷・宇部の霜降山に汲みに行く。

コーヒーの道具はどれも、「機能と美を兼ね添えた長く愛されるものを」とデザインし、作家と共に手がけた。例えばドリッパーは、溝の本数（落ちる速度が変わる）、傾斜の角度など、細部にまで気を配る。磁器の道具は萩の濱中史朗《しろう》氏によるものだ。

萩・大屋窯をはじめ、静謐で創造的な空間での出張喫茶も開かれる。感性を呼び起こすカピン珈琲は「忘れられない一杯」になるに違いない。

〒753-0214
山口市大内御堀2422-1
tel・083-929-3342
13時〜18時
珈琲豆御渡所は火・木曜のみ営業。土日は不定期で営業
出張喫茶は不定期
P・あり
禁煙
MAP・P138

自家焙煎豆 500円／100g〜
カピンブレンド 550円
ビーベリークラシコ 600円
イブラヒム・モカ 700円
※ドリンクメニューは出張喫茶のみ提供

周南・岩国・瀬戸内

日本海側から瀬戸内海側に来ると、南国のような開放的な雰囲気に旅気分がいっそう盛り上がる。周南コンビナートのシルエットは瀬戸内海が工業地帯であることを物語るが、下松の笠戸島、上関町の皇座山《おうざさん》ほか、瀬戸内海国立公園に指定された自然豊かな島々が点在し、その美しい景観に目を奪われることを特筆したい。また、岩国の錦帯橋、柳井の白壁の町並みは言わずもがなの観光スポットだ。

"豆屋"の歴史がつむぐ美味
そこに人が行き交い"店"をつくる

COFFEEBOY《コーヒーボーイ》 ナギサ店

カフェとして県内4店舗の店をもつ「コーヒーボーイ」。歴史は、現代表である河内山嘉浩《こうちやまよしひろ》さんの祖父の雑穀・豆屋から始まっている。そして、両親が1961年に開店した海辺の喫茶店「ナギサ」から、さらに豆専門の卸し、コーヒー豆の焙煎、販売へと展開された。形を変えながらも河内山さんにバトンが受け継がれ、今や多くのコーヒー好きを魅力する店となった。

　とはいえ、河内山さんの山口でのコーヒー豆屋は、一人で豆を焼き、模索しながら一からの販売だった。周南市二番町に、今の本店となる小さな販売スペースと焙煎工場を構えた当時、コーヒーは日本でまだ未知の飲みものだったという。「通りを行き交う人々に安息の一杯を」という思いを胸に、誠実においしさを求めた結果、今では本店の豆&ギフト販売に加え、カ

フェスペースも併せ持つ徳山のＰＨ通り店、光店、山口店、そしてここナギサ店を開くに至った。

コーヒー豆は、年や季節、栽培者により毎回違った状態で農園から届けられるもの。だから豆のおいしさは、焙煎時の音や香りでの見極めと、経験がものを言う。深い煎りに耐えられる質の高い豆、そして高い焙煎技術で最大限に豆の中の甘みを引き出すこと、この二つが、コーヒーボーイのおいしさのワケなのだ

「コーヒーの幸せをサポートする」というスタッフ共通の認識。そこには、いい豆を仕入れ、いい機械と熟練の焙煎技術で豆の持ち味を生かし、ハンドドリップする。こういった、コーヒー屋として「当たり前」のことをしながら、一人ひとりのお客に合わせた「楽しい嬉しい時間」をコーヒーを通じて

〒746-0011
周南市土井2-4-9
tel・0834-64-1961
10時30分～18時30分
（OS18時）
休・火・水曜
P・10台
禁煙
MAP・P138

本日のコーヒー 380円
エスプレッソHOT 340円
カフェ・ラテ
HOT 380円　ICE 400円
ソイ・ラテHOT 400円
キャラメル・マキアート
HOT 400円　ICE 420円
カプチーノ・スムージー
440円
モカ・スムージー 440円
ベーグル＆クリームチーズ
320円
ブラウニー 300円

サポートしたい。そういった意味がこめられている。

愛着ある名を継いだこのナギサ店は、1928（昭和3）年に西洋建築で建てられた医院の調剤室を利用している。有形文化財にも指定されているこの旧日下醫院を地元のシンボルとして保存活用すべく、河内山さんをはじめとするショップオーナーたちが建物の維持を目的に手を加え、2008年5月、「レトロだけど新しい」複合ショップへと花開かせた。

趣深い店内では、日本人の味覚や旬を意識したコーヒーが味わえる。淹れる手順などはどの店も同じだが、淹れる人により味に個性が出るのがおもしろさ。各店を飲み歩いて好みの味を探すもよし、雰囲気で毎回変えるもよし。「マシン」ではない、「人」の良さを存分に楽しもう。

直接買いつけで築いた信頼
農園の情熱と美味を感じる

ミルトンコーヒーロースタリー

「いらっしゃいませ！」お客の入店と同時に、オーナー・田中大介さんやスタッフの元気な声が響く。お客からも「いつものください」、「これどうやって使うの？」と気軽な会話が飛び出す。オープンな雰囲気が外国のカフェのようだ。2006年、豆売りとテイクアウト専門の小さな店が産声をあげた。その後の店舗拡張、飲食店への卸し。さらに、妻の晴美さんが店長となり久米店を開店。そして2015年8月、カフェスペースを設け、ここ花畠店が生まれ変わった。

15歳での留学から9年半、海外で自立心の高い仲間と一緒に育った大介さんは、「社長になりたかった」と笑う。帰国後勤めた会社を退職し、「社会情勢の影響を受けず万人に親しまれる」コーヒーの道を選んだ。実は、胃がもたれるから苦手だったという大介

さん。知識ゼロから着実にスキルアップをし、カップ・オブ・エクセレンス*（COE）の審査員をした時、初めてその美味に衝撃を受けた。そして湧き出た「日本で広めたい」という強い想い。「より直に、もっと明確に、ストーリーがあるような、しかも自分が感動したような、胃にもたれないコーヒーを」

　その翌年、直接買いつけを模索するため、ニカラグアのエル・ポルベニール農園へと飛んだ。出迎えたのは、農主・セルヒオさん。品評会で受賞経験のある父から、放置された農園を譲り受けたところだった。スタート地点に立った二人が出会い、コーヒーへの熱き旅がはじまった。

　年一回の買いつけでは、提携している約40の農園をまわる。そのほとんどが受賞経験者であり、いい豆を作ることに情熱を傾ける。農園の区画ごとに

〒745-0006
周南市花畠町1-1
tel・0834-32-7374
9時～19時
休・月曜
P・6台
禁煙
MAP・P138

ホットコーヒー 380円
プレスコーヒーシングル
オリジン 500円～
エスプレッソ 380円
カフェラテ 410円
カプチーノ 410円
スムージー 460円
フレーバーラテ 450円

＊カップ・オブ・エクセレンス
世界の生産地で収穫された中から毎年、最高の豆を決める国際品評会。非常に厳しい審査から選ばれたコーヒー豆が得られる称号。

自身でカッピング（味の審査）した豆を、乾燥・劣化を防ぐため真空パックで独自に輸入。農家が100%の力を出して作った豆を、日本に一機しかないというイタリアの焙煎機で常に最高の味を追求しながら毎日焙煎し、新鮮な状態で届けている。

農園は、今でも相場で販売価格を決められ（だいたいが低価格）、生産に努力しても苦しい生活を強いられることが多いのが現状。大介さんは、双方納得の価格で継続的に買いつけることで農家のモチベーションを高め信頼関係をつなげている。生産者の「今」を一丸となって伝えるため、スタッフも現地に連れて行く。

やりたいことはいっぱいあって、第一発目がコーヒー。「でもずっと次を練っている」。何かを企む少年のように、大介さんの目が輝いた。

緑豊かな庭と旬の料理で
身体にも心にも優しいひとときを

ガーデンカフェ日日《にちにち》

緑が多く間口の広いこの店の、軒先で感じた佇まいの良さ。昔ながらの日本家屋を再生したカフェだが、どこか凛とした旅館のような雰囲気を感じる。なるほど、店主は福川駅前で大正時代から続く割烹旅館「大正館」の娘なのだそうだ。

肝の据わった母のもと、小さい頃から調理場に自由に出入りし、5歳の時から刃物を扱っていた店主。「大正館」同様、こちらの料理も旬の新鮮素材で丁寧に手作りされる。「梅の時期は100キロくらいの梅を仕込むので泣きたくなります」と笑って話すが、大量の下ごしらえを毎日繰り返すのはある意味、修業。梅干し、梅ジュース、しそジュース、ラッキョ、マヨネーズ、豆腐など、すべて手間をかけて作る。ダシも毎日とる。手間イコール愛情。それが伝わってくる。

〒746-0034
周南市富田1-3-18
tel・0834-63-8738
9時30分～17時
土日祝8時30分～18時
（夜は予約のみ営業）
休・なし
※田植えと稲刈りの２日間
　は休み
Ｐ・22台
禁煙
MAP・P139

コーヒー 430円
フレッシュフルーツの
　ミックスジュース 540円
抹茶セット 650円
ケーキセット 750円
和パフェ 860円
こんにちにちランチ 950円
パスタ（スープ、サラダ付き）
　1200円

大阪の体育大を出た後、三重県でハンドボール選手、地元・周南に帰郷後は保健体育の教師と、運動一本に打ち込んできた店主。だが、祖父と祖母が約60年前に建て、9人兄弟の末っ子の母が生まれた愛着あるこの広い家を生かすため、美しい庭と季節の料理が楽しめる店として2002年にオープンした。

店主の教師時代の生徒たちが、今では彼氏や彼女、生まれた子どもを見せに家族を連れて来店することも。山口市にある姉妹店「SHIRO46《シロヨンロク》」は印刷工場を再生したカフェと雑貨の店だが、こちらの店長は「先生の元でぜひ」と働くことを決めた、元生徒だ。人望の厚く気っぷのいい姉御の店で、ハンドドリップコーヒーとおやつの優しいひとときを過ごそう。

ここだけのものを育て根付かせる
そうして「文化」をつくりたい

R《アール》

「人の人生を再生できる店をつくろうと思ったんです」。なんて素敵なひと言だろう。そのためにオーナーは、いろんな専門分野の人とつながり、人と人、場所、その他様々な〝ツール〟を結びつけ、一人ひとりでは実現が難しいこと、新しいことを成功させている。コーヒー片手の雑談から発展して仕事へとつなげたイベントが数々ある。「頑張っている大人たちがいると、来てるお客さんがワクワクするじゃないですか。憧れの大人が集まる店、みたいな感じがいいなと思って」

　意外にも元は人間不信の人間嫌い。他人に心を閉ざす生活を続け、「人生どん底まで落ちた」と、明るく笑いとばす。だけどそんなオーナーの周りには、〝頑張る大人たち〟がいた。今の「R」に集う大人たちが、前を走り続ける大人たちが、人との関わりを教

〒746-0015
周南市清水2-12-7
tel･0834-34-9194
12時～23時(不定)
休･不定
※事前の電話確認が確実
P･なし
喫煙
MAP･P138

コーヒー 450円
カフェオレ 550円
豆茶 400円
地ビール 700円
季節のサングリア 800円
（コラボ期間中のみ）
和菓子セット 700円
（コラボ期間中のみ）

えてくれたのだ。当時24歳のオーナーは、自分を見直し、考えに考えた。そして「あと5年、28歳までに店を持つ」と決め、〝師匠〟たちに教わりながら、必要と思うことを全部やった。そして28歳の2004年11月、地元に念願の店をオープンさせた。

　コーヒーは、そのおいしさを教えてくれた周南の「ミルトンコーヒーロースタリー」の豆をフレンチプレスで淹れる。このコーヒーも、〝ツール〟の一つだ。「何かを知りたいけどまだ見えてない人に、まずはコーヒー一杯を」「店の何かに興味を持つことで、人生が変わるきっかけを」という具合に。店には地元の若者も気軽に訪れる。〝やんちゃ〟な子には、時に叱ることもある。「憧れる大人」を目指したオーナーは今、「憧れられる大人」にたどり着いたのだ。

朝から晩まで、ごはんもお茶もお酒もOK
いつでもフラッと立ち寄れるおしゃれカフェ
Orange《オレンジ》 Cafe《カフェ》

東京で好きなバンドのマネージャーをしつつカフェの仕事をしていたオーナーの福永眞理さんは、音楽と食べることが大好き。そして「ちっちゃい頃の夢は本屋さん」という、無類の本好きでもある。店内の広い壁一面が圧巻の本棚だが「全部わたしのなんです」という言葉に驚く。ここは、幅広い層のお客でいつも賑わうおしゃれカフェだ。

東京でアパレルの仕事をしていた山口県出身のパートナー尚《ひさし》さんのスキルを活かし、駅から近いPH通りで服、靴、カバンなどを扱うショップから始まった。その当時、買い物後のハッピーな余韻にひたれるカフェがなく、はずれた時間にランチできる場所もほしかったことから、2001年にカフェもオープン。けれど「服屋は順調でしたが、カフェは赤字続きでした」と

〒745-0005
周南市児玉町3-7
tel・0834-33-3233
10時〜22時（OSフード21時、ドリンク21時30分）
休・火曜
（祝日の場合は要問合せ）
P・23台
禁煙（テラス席は喫煙可）
MAP・P138

コーヒー 450円
まめ茶 450円
くず湯 550円
黒豆茶 480円
オーガニックハーブティー 550円
フレンチトースト 520円
11種類の野菜と油揚げのさっぱり炒め（ごはん、みそ汁付）900円
鶏肉とエリンギのバター醤油丼 830円

笑って振り返る。転機が訪れたのは、2005年にショップ&カフェとして今の場所に移転してから。「メニューは全然変わりませんが、お客様の数が増えて。広い駐車場があるのが大きかったです」

もちろん理由はそれだけに非ず。入り口側が全面ガラス張りの光まばゆい店内は、カウンター席から大人数席までゆったり広い。朝から晩までいつでも立ち寄れ、野菜たっぷりの手作りメニューのプレートに玄米ご飯やスイーツ、「コーヒーボーイ」のコーヒー、体にやさしいお茶、夜のお酒までと、幅広い。「お好きな時間にお好きなように、便利につかってほしい」という言葉どおり。一人で立ち寄る年配客も多いのは、お客一人ひとりと会話を楽しむ眞理さんの人柄によるものだろう。

半世紀の年月が
艶に磨きをかけた純喫茶

純喫茶たまゆら

かすかな触れ合いの時間。この積み重ねが人の心をつくり、人と人をつなげるのではないか。店名にこめられた意味を知って、そう思った。1965（昭和40）年に創業して以来、「おもてなしの心」を一番に、徳山の地でたくさんの「たまゆら」を作ってきた店だ。上品で凛とした、だけど親しみやすい清潔感ある空間。それは、85歳を過ぎた今もおしゃれに気を配り、丁寧に客と接するオーナー・佐鹿《さしか》ヤエコさんと、娘の久美《ひさみ》さんの印象に通ずる。一人の時間を過ごす客が多いのもそのためだろう。

店内の絵画や陶器をはじめ、料理も「本物志向」を心がける。コーヒーに合うよう作られた料理は、素材の良さと料理法にこだわる。サンドイッチやドリアには厳選したスモークベーコンを使い、卵は茹でるのではなくス

〒745-0037
周南市栄町1-44
tel・0834-21-2461
9時〜17時
休・土日祝
P・6台
分煙
MAP・P138

コーヒー 500円
ウインナ・コーヒー 700円
コーヒーと自家製ケーキ
セット 800円
あんみつ（黒糖蜜）750円
サンドウィッチ ミックス
750円（他各種）
焼サンドウィッチ チーズ・
ピザ 650円（他各種）
ハンバーグ・ブランチ 980円
ドリア（サラダ・コーヒー付）
1150円

チームで加熱する。ケーキも心をこめて手作りしている。「自分も美味しいものを食べたいので、手を抜きません」と、常によりおいしくと模索する。長い信頼関係にある広島の焙煎屋の豆を使いネルドリップされたコーヒーは、ロイヤルコペンハーゲンのカップでいただく。

徳山市内に喫茶店が数軒しかなかった当時、編み物教室だった自宅1階部分を「雰囲気がいいから喫茶店に」という助言を受け、開店して半世紀。赤い絨毯、ボックス型の席とモスグリーンの座席、シャンデリア……そして「日本庭園」を模したガラス張りの中庭が店内の中央でひときわ存在感を放つ。数少ない純喫茶の中でも、重厚かつ新鮮さを保ち続ける貴重な店だ。

シンプルだけど極上の愛情ドーナツ
オーガニックドリンクでホッとひと息

弥五郎《ヤゴロウ》ドーナツ

PH通りでパッと目をひく水色のドア。この日も閉店30分前にドーナツは完売。先日一度来たという女性客が店主の弥五郎さんに、「おいしいし、もたれなかったんです。素材もだけど、油がいいんですね」と話していた。毎日、手作りするドーナツを求めて連日、老若男女のお客が訪れる。

素材はいたってシンプル。だけど質が抜群にいい。できる限りオーガニック、無農薬、自然栽培のものを選ぶ。地産材料は積極的にとりいれる。添加物や白砂糖、遺伝子組み換えのものは一切使わない。そしてドーナツに欠かせない揚げ油は、圧搾一番搾りのなたね油を使うがこれにもワケが。一般に流通している多くの油が遺伝子組み換え原料を使用。化学薬品、シリコンなどの添加物まで入っているからだ。

そして「大島の健太郎くんのハチミ

〒745-0016
周南市若宮町2-37
tel・0834-34-8529
11時〜18時
休・日・月曜
P・なし
禁煙
MAP・P138

ホットコーヒー 400円
豆乳チャイ 500円
自家製梅ジュース 350円
ドーナツ（プレーン） 150円
ドーナツ（大島のはちみつ） 190円
ドーナツ（大学芋） 250円

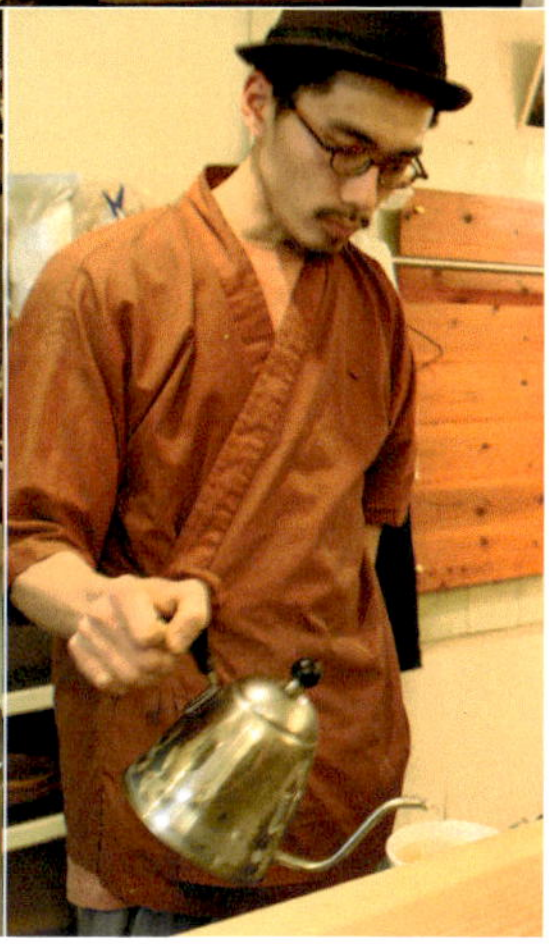

ツ」「祝島のまことくんのひじき」と、顔の見える関係も大切にする。コーヒーは、北海道から祝島に移住した岩田珈琲店が焙煎したオーガニックの豆を、湧き水でハンドドリップ。「挽きたては酸化してないからね」と、注文のたびにミルをガリガリ。選ぶ基準は「人と地球にやさしい」ことだ。

生まれは東京だが山口にルーツを持ち、レゲエのラッパーとして活動していた弥五郎さん。だが、自給的な暮らしをすることが原発をなくすアクションと考え、子どもができたこともきっかけに、自然豊かな山口で自給的な生活を目指していた。「でも反対運動だけじゃ変えられないと気づいた。食は、誰もが楽しく共有できる基本的なこと。ここから、いろんな垣根をこえて人と接して、コミュニケーションしながら、想いを伝えたい」

店名はハワイ語で「芽生える」
植物性 100%のカフェですくすく育つ

kupu《クプ》

評判のもちもち玄米ご飯とシャキシャキ野菜、テンペフライのほっこりサックリ感。これらが自家製タレと絡むと最高の、玄米サラダ丼。「でも季節のお惣菜が5種類のった玄米プレートも人気です」と、オーナーの大城戸《おおきど》景介さん、好美《よしみ》さん。ここは肉や魚、乳製品、白砂糖を使わない、山口県では珍しい植物性１００％のカフェだ。育児中の夫婦二人の店なので宣伝はしないが、口コミで広まっている。

景介さんは大学卒業後、「クプ」の向かいで自然食品&雑貨店を営む両親の影響で、自然食に興味が湧いた。京都出身の好美さんは、いつからかマクロビ料理が好きになり、完全ビーガン店に勤務。二人はマクロビオティックの料理教室に通い、師範コースを卒業後、大阪で自然食の店をオープン。その後「地元で自然食を広めたい」と

〒745-0016
周南市若宮町2-7
tel・0834-32-2020
LUNCH 11時〜14時
CAFE　11時〜18時
（OS17時）
休・火曜
P・なし
禁煙
MAP・P138

オーガニックコーヒー 400円
穀物コーヒー 380円
豆乳チャイ 450円
ダージリンティー 380円
ナチュラルケーキ 400円
玄米プレート（ランチ） 900円
玄米サラダ丼（ランチ） 800円
ピタサンド 550円

帰郷し、現店舗を自分たちで大改装し、2012年1月にクプをオープンした。

玄米も野菜も県内産の無農薬無肥料のもの、調味料は昔ながらの製法で作られた無添加のものを使う。生命力に溢れた素材はそれだけで十分おいしい。「誰にでも食べに来てほしい」と、味付けはしっかりめ。京都から仕入れる深煎りブレンドは、有機栽培生豆を低温でじっくり焙煎したもの。これに「ココナッツキャロットケーキ」がぴったり合う。

「子どもはもっとほしい」、そして「私たちにしかできない料理を出す店を、これからも地道にやりたい」と話す二人。子も店も、ゆっくり芽が出てのびのびと育つように……そんな想いを、強く感じた。

青空の下、風に揺れる田んぼの緑
山中のんびりおうちカフェ

fu do ku kan Bamboo《フードクーカンバンブー》

小さな種が大地の恵みで少しずつ育ち、いずれ必ず実を結ぶ。店主の須《す》田《だ》浩史《ひろし》さんと、妻の加弥子《かやこ》さんの話を聞きながら、そんなイメージが浮かんだ。須金《すがね》は、徳山駅から山手へ、冬は凍結する山道を通ること車で約40分。初めは「なんでそんな場所で店を?」と不思議だった。

関東で出版社勤務だった浩史さん、靴デザイナーだった加弥子さん。実家の観光農園を継ぐ準備をしていた矢先に東日本大震災勃発。小さい子どもへの影響を考え、2011年8月、「農業」をキーワードに須金へ移住した。就職先に決めた近所の観光農園ではブドウと梨の栽培に加え観光農園経営も学んだ。次へのステップのため、夏は約4万人の観光客が訪れるが食事処のないこの地で、2013年5月からキッチンカーでの弁当販売も開

〒745-0401
周南市大字須万字中市
2460-6
tel・0834-86-2037
11時～16時
（ランチはなくなり次第終了）
金・土曜のみ営業
（7～10月は金～月曜営業）
※不定休あり。1・2月は
完全休業
P・5台
禁煙
MAP・P139

コーヒー 350円
オーガニック紅茶 350円
ハーブティー 350円
自家製ジンジャーエール
500円
梅ソーダ 400円
豆乳酒粕プリン 300円
日替わりベジランチ 1000円

始。続いて2014年8月、「この風土や空を感じながら、のんびりお食事できるように」と、農園を卒業し店舗をオープンした。無農薬・無化学肥料の自家野菜、自家製味噌など厳選した素材を用いた、〝生きた野菜〟の見事なアレンジをワンプレートで味わえる。

千葉に、マクロビオティック料理研究家・中島デコさんによるエコビレッジ「ブラウンズフィールド」がある。料理の方向性に悩んだ加弥子さんが、わずか5日間の滞在から見つけた答え。それは、人と食と暮らしと自然が無理なく循環する環境をつくること。

2014年5月にはウーフに登録し、国内外へさらにオープンな場となった。現在は農家民宿準備中。「ゆくゆくは、ライフスタイル全般をもっと循環させ、移住者を増やす拠点にしたい」。種は着々と実を結んでいる。

森の濃密な空気に包まれた
バリのような癒しの隠れ家

Cafe《カフェ》 Katsuura《カツウラ》

鹿野《かの》インター近く、R315から山奥に400メートルほど入る。ここで、空気が一気に変わった。森林の、濃厚で瑞々しい大気に全身が浸ったような感覚だ。それは、アジアンな店内に入っても変わらなかった。外に続く階段を下りるとすぐ、子どもが大喜びしそうな川が流れ、テラスの特等席がお待ちかね。心地よい川のせせらぎは天然のBGM。森の潤いに包まれた時間は、昔旅したバリを思い起こさせた。

20歳から18年間、学習塾の経営と講師をしていたオーナー・勝浦まさゆきさん。美容関係の仕事をしていた妻の律子さん。二人に転機が訪れたのは2005年9月。オイルマッサージの本場・バリにあるインドネシア政府公認スクールで、自然治癒力を高めるバリの伝統マッサージの1カ月研修を受け、二人で資格を取得。帰国後すぐ

〒745-0301
周南市鹿野大潮52-8
tel・0834-68-0880
11時〜15時（夏季 〜17時）
休・月・火曜
（祝日の場合は営業）
※臨時休業もあるので、事前の電話確認が確実
P・10台
テラス席のみ喫煙
MAP・P139

ホットコーヒー 500円
ハーブティー 500円
米粉クレープ 500円〜
骨付きチキンカレー 800円
プレミアムランチ 1680円〜
（10食限定）

防府にマッサージサロン「オールウェイズエステ」をオープンした。

1年後、自分たちの癒しの場として現店舗を購入したが、「本格マッサージが受けられる」と徐々に口コミで広まった。仕事後に施術を受ける客も多く、料理好きのまさゆきさんが施術後に夕食を招待する機会が増えた。それならば、と2008年10月にカフェをオープンした。

作陶歴20年以上のまさゆきさん作の陶器皿でいただく骨付きチキンカレーは、甘味+スパイスで濃厚、半熟卵がトロリ。3カ月研究したクレープには自家製いちごコンポート付き。ハンドドリップコーヒーは、陶器のサーバーに入ってたっぷり。10食限定のランチも人気だ。混み合うことの多い週末は、ちょっと早めに着いて森の散策を楽しむのも気持ちいい。

重厚で、優雅
この空間をこれからも

山鳩珈琲店《ヤマバトコーヒーテン》

カウンターが主役の小さなコーヒー店が流行り始めた当時、「こんな大きい店を作って、あそこはすぐつぶれる」と同業者に噂されてから、もう40年が経った。「中途半端な店だったら恐らく続かなかった。最初から大きな店舗を作って、そこに自分の想いを込めたのが、ここまでやれてる理由かな」と店主の松村健治さんは目を細めて笑う。「自分で何かをやりたい」と、銀行を退職して始めたのがこのコーヒー専門店だ。

2階建てだが、段差や階段、吹き抜けによって、入り組んで3階建てにも見える店内は、座る席によって様々な表情を見せる。そして、濃淡のある長短さまざまなフランス積みのレンガ、漆喰の白、木の仕切り、床から天井まである鉄枠の窓。レースのカーテン越しの柔らかな陽光。「蒐集癖があ

りまして」と目を向けた先にある、コーヒーミルのコレクション。これらの本物の素材が時を重ね、さらに重厚感を生み出している。戦前の喫茶店シーンとして、映画『出口のない海』のロケにも使われた。何年経っても店主自身が飽きない空間。だから客も飽きない。

　年配女性グループが話に花を咲かせ、友人同士がお茶をしに、スーツ姿の男性が食事に、仕事の打ち合わせにと、どの時間帯もお客が入れ替わり立ち代り入店する中、松村さんやスタッフがキビキビと動く。ブレンド豆は自家焙煎だ。それを、昭和な電話機の横にある、レトロデザインで金色の巨大コーヒーミルが音をたてて挽く。コポコポと湯気を立ててスタンバイするピカピカのサイフォンと松村さんの見極めで、極上の一杯が完成。その横では、ボリュームあるかぼちゃベーコン

〒744-0071
下松市清瀬町3-13-7
tel・0833-43-9832
9時〜18時
休・月曜
（祝日の場合は翌日休み）
P・20台
1階・喫煙、2階・禁煙
MAP・P139

ブレンドコーヒー 480円
カフェ・ラテ 530円
コーヒーゼリー 650円
ケーキセット各種 800円
モーニング・トーストセット 650円
カボチャベーコンサンドセット 980円
ピザミックス小 550円

サンドやB・L・Tサンド、グラタン、ピザ、開店当時から人気のコーヒーゼリー、自家製クリーム・ブリュレなどが次から次へ運ばれる。飽きないワケはここにもあった。

そして会話の中から見つけましたよ、松村さんのもう一つの魅力。照れくさそうに、「2階で……、あのー……。カラオケの先生もやっとるんですよ」と白状、もとい教えてくれた。営業中にちょこちょこ姿が見えなくなるのも、納得。仕事とは別の生き甲斐は、大きな精神的支えになる。嬉しそうに話し始める松村さんに私まで嬉しくなって、よう笑った。「店よりも歌を歌っている方が幸せ」と本音がポロリ。だけど、強い愛情を持って店を続けられていることは、しっかりお客に伝わってますよ、松村さん！

光輝く海と青く広い空
ここで室積だけのイタリアンを

AKEMI-YA《アケミヤ》 umi《ウミ》

朝、水平線から上る朝日でキラキラと輝き出す海。昼間、広く青い空の下に静かにたたずむ漁師の船。夜、ぽっかり浮かぶ月と賑やかな店灯り。時間とともに刻々と変化する景色の中で、変わらない穏やかな室積《むろづみ》の海。目前に広がる表情豊かな「海」と、ここだけの「室積食」が最高のご馳走だ。

ランチも予約制のディナーも、イタリア郷土料理に日本の食材を取り入れ、目の前の海で漁師さんが獲ったばかりの季節の素材を生かす。ワタリガニならビスクスープに、活エビはフリットに、タイラギ貝はグリルに、レンチョウという魚はカツレツに……。他にも石窯で焼く本格ピッツァや手作りソーセージ、イタリアの伝統菓子やタルトなど、丁寧にこしらえたひと皿からは、「海を眺めながらゆったり食事を楽しんでほしい」という、シェフ

の座間達也さんの想いが伝わる。バリスタ免許を持つスタッフが、周南の「ミルトンコーヒーロースタリー」や「コーヒーボーイ」の焙煎豆で淹れたコーヒーでホッとひと息。

　ここ室積は、食材の宝庫だ。地元に住むオーナー木村明美さんが、漁師との触れ合いで初めて気づかされた、豊かな食材。これらを料理のアレンジによって「財産」だと教えてくれたのが、鎌倉でイタリア料理を修業してきた座間さんだ。そして料理教室の講師として招いた料理研究家・有元くるみさんの瀬戸貝パスタにも衝撃を受けた。瀬戸貝は周防大島名産の一つだが、地元の調理法は炊き込み御飯、または煮付けが主。これを、「瀬戸貝=ムール貝の王様」という知識と発想によって、地元の食材で異文化の味を再現したからだ。「都会と田舎の感覚、

〒743-0007
光市室積2-9-9
tel・0833-48-9705
10時〜21時(金・土曜〜22時)
(ランチ11時〜14時30分)
※土曜のみモーニングあり
(8時〜10時)
休・水曜、第1・3・5火曜
(祝日の場合は翌日休み)
P・6台
禁煙
MAP・P139

コーヒー 400円
島のはちみつ果実ソーダ 550円
自家製ジンジャーエール 500円
季節のタルト 400円
クリームブリュレ 400円
石窯ピッツァランチ 1500円〜

日本と外国の文化をミックスさせるおもしろさ」をここで知った。

熊毛郡平生の海辺の町で育った明美さんがここの景色に魅了され、暮らしのアイテムも販売する「アケミ屋umi」を一大決心でオープンしたのが2013年7月。以前から光市でも、フランスやアジアで仕入れた洋服や靴、小物を扱うショップ「アケミ屋」を営んでおり、大阪でスタイリストの経験を積み、帰郷後は自身のショップ仕入れのため世界各地を飛びまわってきた。大好きな海外のマーケットや商店、食堂、デパートをめぐることで培われたアンテナは、「丁寧で心のこもったものづくり」をたくさん見出してきた。これまでの「衣」に室積の「食」、いいものを長く大切に使う「住」が加わって、今のテーマは「衣食住」。今後のワクワクな展開に目が離せない。

素っ気ないけど静かで穏やか
手しごとを眺めながらの一杯を

himaar coffee & crafts《ヒマールコーヒーアンドクラフツ》

「心惹かれたものを紹介したい」と静かに穏やかに語る辻川文俊さん、純子さん夫婦。その想いが詰まった手しごとショップには、文俊さんの革小物をはじめ、木工品や器、文具、本や雑誌、野菜の種、はちみつ、焼き菓子、自転車……「何屋さん？」と思うくらい様々なものが並んでいる。さらにはヨガ教室やワークショップ、読書会なども開催するが、その基準は一貫して「自分たちが好きなもの・こと」。

「だから喫茶はおまけ」と口を揃えて言う二人だけど、「あ、おいしい」と思わずつぶやいちゃうのがこちらのコーヒーなのだ。中煎りの豆も淹れ方も「大好きだった」東京の「マンモスコーヒー」から。「いいものを伝えたい」精神は味にもしっかりにじみ出ている。

東京の大学卒業後から、文俊さん

〒740-0017
岩国市今津町1-10-3
tel・0827-29-0851
10時～19時
休・月曜、不定
P・なし
禁煙
MAP・P139

コーヒー 400円～
アイスコーヒー 450円
手作りチーズケーキ 300円

はグラフィックデザイナー、純子さんはライターとして、働きづめの日々だった。その間、文俊さんは趣味で革小物を作っていたが、5年ほど前から二人でイベント会場での販売なども開始し、どちらが本業かわからないほど夢中になった。本業は約20年続けていたが、「一生続けるのは無理」と感じていた頃、東日本大震災がおきた。食材の買い占めなどを目の当たりにし、被災地に負担をかけている自分たちの暮らしに違和感を感じ、東京を離れることを決めた。そして純子さんの実家のある岩国に移住し、2012年6月に店をオープンさせた。

今では、お客同士がつながり、そして自分たちのやりたいことがどんどん実践できる場所となった。新しい土地で「自分」を基準に楽しみながら根をはる生き方は、道標の一つに思う。

島の寺ならではの和みカフェ
癒しの空間・人が集う処

周防大島《スオウオオシマ》 OTera《オテラ》 Cafe《カフェ》
（お寺カフェ）

寺の境内の静かで透き通った空気に心洗われながら、「日本の文化を開放するってええね」と同行者がつぶやいた。今の寺は葬式・法事でしか行かない、死と隣り合わせのイメージが一般的だ。だが江戸時代では生活にとても密着し、祭りやイベントなどの発信地であったという。そんな寺を、「忙しい現代だから、家や仕事場とは別の安らげる場所に」と２０１４年７月にカフェとしてオープンした。

周南市出身、二級建築士の資格を持つ建築畑のオーナーが、経営学を志した大学時代。独学から専門学校へ、そして、３年の勉強期間を経て、非常に難易度の高い経営コンサルタントの国家資格を取得した。最後の大学院での卒論を書く際に思い出したのは、子どもの頃に遊びに行った祖父の寺。父が継いだ今も寺は身近な存在であ

〒742-2802
大島郡周防大島町油良587
tel・0820-73-1418
11時～17時（土・日曜13時～）
休・月・火曜
P・8台
禁煙
MAP・P139

珈琲 380円
お抹茶各種 500円～
白玉さん 680円
本日のお寺カフェセット
680円
かきごおり・京ほうじ茶
（夏季限定）850円
湯葉の〝精進〟どんぶり
（ランチ）1200円
季節の気まぐれランチ
1200円
写経体験（お抹茶付き）
1500円

り、コンビニより数の多い寺に地域活性化のカギとなる可能性も感じ、「お寺の経営学」という論文を書いたのがきっかけだ。

「お寺は檀家さんと地域のものだから、地元が元気になるように」と、ばーちゃんたちにこの油良《ゆら》地区伝統の味でメニュー開発を頼んだ。あんこや茶粥など昔懐かしい味を教わり、梅や紫蘇のジュースを作ってもらっている。和菓子に負けないしっかりめのコーヒーは、徳山の「コーヒーボーイ」のブレンドで、希望すればネルで淹れてくれる。人気の抹茶は、オーナーが島内の裏千家の先生に習い、宇治から直接仕入れる質のいい抹茶でその都度点てたものだ。

荘厳な本堂では写経体験もできる。日々のストレスを忘れ無心になれるひと時、鳥のさえずり、和みのお茶は、この上ないご馳走だ。

異国のようなゆったり島時間
この本で唯一、離島にある本格珈琲店

岩田珈琲店

好みを伝えると、「じゃ、それに近いのを」と店主・堀田《ほった》圭介さんが選んでくれた。フェアトレードや有機栽培などの豆を自家焙煎。ストレートコーヒーが常時5〜6種類と〝祝島《いわいしま》ブレンド〟が揃う。陽に焼けた島の人々が「こんにちは」とひと休み。窓からはキラキラ輝く紺碧の海に漁師船が揺らぐ風景。風が気持ちいい。

　ここは瀬戸内海に浮かぶ祝島。柳井港から1日2〜3便の定期船で約1時間。港前の傾斜に建つ民家や強い日差しに碧い海、まるでミコノス島だ。石積みを土と漆喰で固めた珍しい練塀《ねりべい》の細い路地は、チェジュ島を思わせる。旅行者の移動手段は徒歩か自転車。近海は瀬戸内海でも屈指の漁場であり、希少動物や魚貝が生息する、豊潤な海の至宝だ。1982年の上関原子力発電所の建設計画発表以

降、この豊かな自然を守るために30年にわたり島民による反対運動が続く。気骨ある人々が暮らす島でもある。

北海道出身の妻・美姫《みき》さんが、小学生の頃からハンドドリップで淹れて飲んでいたのは、両親の影響だ。商店街の豆類量り売り店で、「自分でザアッとすくって袋に詰めること」に心躍らせた子ども時代。大人になり上京し、この〝夢の作業〟を見学先の老舗珈琲店で見かけて以降、ここで約2年、焙煎を修業。札幌に帰郷し1990年、小さなコーヒー豆屋「岩田珈琲店」を父と開店した。やがて、客であり交際相手であった圭介さんが父の業務を引き継ぎ、二人でカフェも始めた。

北海道・泊原発に強い関心を寄せていた圭介さんにとって、東日本大震災は他人事ではなかった。福島への支援活動に携わる中で偶然にも祝島と

〒742-1401
熊毛郡上関町大字祝島3675
tel・0820-66-2550
10時～18時
休・火曜
P・なし
禁煙
MAP・P139

祝島ブレンド 300円
ストレートコーヒー 300円
アイスコーヒー 400円
カフェラテ 400円
バナナシェイク 400円
チーズトースト 300円
今日のCake 200円

の縁が生まれたこと、以前観た祝島のドキュメンタリー映画の風景に強く惹かれていたこともあり、移住の気持ちを固めた。下見の一カ月後には重い焙煎機とともに家族での移住を果たし、その2年後に絶好の家屋を譲り受け、2014年5月、カフェを開店した。

島には近年、若い世代の移住者も多い。目的は自給自足だったり田舎暮らしだったり。最近、赤ちゃんが3人産まれ、何十年かぶりの出産ラッシュだ。不便もあるが、「それ以上に得るものが多い」と主介さんが言う。夜には信じられないほど満天の星。感性に響く自然の美しさ。自然の中での営みそのものが、得難い宝だ。

カロウト山の水で淹れた珈琲
ここはプラスαなワクワクがいっぱい

コラム クリエイティブにカフェ散歩

POTATO MEGANE 下関店（ポテトメガネ）

楽しげなウワサをよく耳にする。「フリマとかライブやるって！」「うまいコーヒー飲めるらしいよ」「眼鏡を自分で作れるみたい」。店内にはファッション性の高い眼鏡がズラリ。そう、ここは眼鏡屋なのだ。

ディレクター・山本真一路《しんいちろ》さんの父、和利《かずとし》さんが１９８７年、弟と開業した長門店が物語のはじまりだ。店を継ぐ気は全くなかった真一路さんは高校卒業後、福岡でファッション業界へと進んだ。東京で、憧れのバイヤーに就くことが決まっていたが、出発前にアメリカを旅したことが、大転機となった。自分のブランド（店）を持ち、どこでも自らの意志の元に生き生きと働く人々に衝撃を受け、「自分もそう生きたい」と強い気持ちが生まれた。帰国後、父に「下関店でやりたいようにやっていい」と勧められ、２０１２年、地元・下関での新たな一歩を選んだ。

店内一角のカウンターは、〝カロウトコーヒー〟空間だ。近くの狩音《かろうと》山《やま》から湧き出る〝超軟水〟でコーヒー業10年の古澤譲治さんが淹れる。ここで飲むもよしテイクアウトもよし。

〒759-6311
下関市豊浦町吉永1247
tel･083-775-3456
10時〜19時
休･なし
P･20台
禁煙
MAP･P140

カロウトコーヒー 150円
アイスコーヒー 200円
カフェラテ 200円
アイスラテ 200円
ヘイゼルナッツフレイバーラテ 250円

下関・宇部

本州最西端の街・下関は、フグだけが名物にあらず。食はくじら、あんこう、瓦そば。関門海峡を渡れば九州、日本海側に進めば紺碧の海にかかる角島大橋、瀬戸内側なら城下町・長府へと辿り着く。点在する良質の温泉めぐりもはずせない。瀬戸内海有数の臨海工業地帯・宇部には、山口県唯一の空の玄関・山口宇部空港。さて、どこに旅立とうかと胸が踊る。

懐かしくやさしい木造校舎のよう
過ぎた時間を身にまとい、輝きを増す空間

BAGDAD《バグダッド》 CAFE《カフェ》

細い小道や坂道が多い住宅街を、クネクネと車が走る。見つけにくい場所にあるにも関わらず、下関のカフェと言えばまず、この店だ。

ガラガラガラ……。11時の開店と同時にお客が少し重い木戸を開けて数歩、前に進む。次にふと、足を止める。「さて。どの席にしよう?」元・材木屋の大邸宅を改装した店内は広い。歩くとミシッと鳴る床板、梁の差込口が残る木の柱、天井をはずした吹き抜け部分、時間が染み込んだ木のテーブル、店主が好きで集めた家具。それらすべてを家屋の穏やかな空気が包み込んでいる。

1999年から9年間、赤間神宮の並びに海が見える小さなカフェを営んでいたが、少ない席数へのジレンマを感じ、「お好きな席にどうぞ」と言いたくて移転を決めた。近所の子ども

たちが「お化け屋敷」と呼ぶような荒れた場所を、スタッフや仲間たちと共に5カ月かけて大改装。2009年2月のオープン以来、開放的な空間は客が客を呼ぶ店へと育った。2階は同じ志を持つインテリアショップ、半地下は外国にある隠れ家のような完全セルフの図書空間になっている。

　気さくで丁寧なオーナー・中嶋《なかしま》孝《たか》子《こ》さんと、古い友のように話しこんだ。中嶋さんが店を始めたきっかけは、店を開くことが夢だった両親が他界したこと。二人の想いを繋ぐため、思ってもみなかった飲食業界へと足を踏み入れた。勤務先の店で自分が作って供した料理を、6歳ぐらいの子が目を輝かせて「おいしそう」と言った瞬間。「それから、やめられないんです。この職業が」と、明るく笑う。

　自分の夢だった保育士を辞めた時、

〒750-0009
下関市上田中町2-17-25
tel・083-223-5361
11時〜23時(OS22時30分)
休・木曜(祝日の場合は営業)
P・14台
ランチタイムは禁煙
MAP・P140

エスプレッソコーヒー(s) 410円
カフェ・ラテ(Hot) 507円
ショコラみるくティー(Hot) 648円
きまぐれケーキセット 864円
ラスベガスボール 864円
チキン南蛮サンド 540円
バグダッドカレー 734円

何をしたらいいかわからなくなった。様々な職業を経て、10年かかってたどり着いたこの仕事。だから一歩進んで、自分にとって理想的なカフェを作ることを目標にした。音楽、食事、インテリア、接客……。すべて揃って初めてできる、心地いい空間。「ここで皆さんがいろんな過ごし方ができるよう、お手伝いをしたい」と楽しそうだ。そのためのギャラリーの無償貸し出し、週一回の生演奏。エスプレッソドリンク中心の飲み物や料理、毎朝焼くパンメニュー、夜のカクテルなど、時間帯で変わるメニューもワクワクするほど揃っている。

「探し続ければ、夢はきっと見つかる」、そう話す中嶋さんと一緒に今も、ご両親の夢が大きく羽ばたいているのを感じずにいられない。

波の音にアースビートを感じて
砂浜に建つ海辺カフェ

BEAT《ビート》 CAFE《カフェ》

ザザーン……ザザーン……。遮るものは何もなく、すぐそこに広がる白い砂浜と光まばゆい海の青。オーナー星出和彦さんのウクレレが静かな波とともに奏でられ、妻の明子さんが淹れるハンドドリップコーヒーのいい香りが漂う。日常から離れた、旅先のようなゆったりした時間が流れる。

音楽、アート、パフォーマンス。突出してサイケデリックだった70年代の東京は、カウンターカルチャー全盛期。この頃に、音楽・溜まり場的な喫茶・コーヒーと、濃く熱き文化の中で出会い、ロックやジャズ、フォークを聴かせる「喫茶店」や「飲み屋」（今でいうライブハウス）に通いつめ育ってきた二人。ビートカフェの原点はここにある。

映画が好きで、東京、福岡に移り住みながらもテレビ制作会社の仕事

〒751-0849
下関市綾羅木本町7-14-18
tel・083-254-3311
12時〜日没（OS18時）
休・火・水・木曜（祝日の場合、開けることもある）
P・5台
禁煙
MAP・P140

エスプレッソコーヒー 380円
アメリカンコーヒー 380円
キャラメルマキアート 480円
季節のハーブティー 480円
ケーキセット 760円
チキンカレー 540円
鯨カツカレー 870円
ハム＆野菜サンドセット 660円
鯨カツサンド 540円

をしていた和彦さんだが、大病を患ったこと、そして故郷・下関への愛と、「いずれは喫茶店を」という二人の想いから、約40年ぶりに帰郷し2008年に店をオープン。和彦さんが子どもの頃によく泳いだ思い出の地・綾羅木《あやらぎ》でのスタートだ。東京の自家焙煎珈琲店でネルドリップの淹れ方を学んだ明子さん。メニューの「アメリカン」は、地元焙煎屋が甘さを引き出したオリジナルブレンドだ。ここは近代捕鯨の町だから、おすすめはクジラカツ。

昭和30年代の綾羅木は海の家が軒を連ね、団体バスで行楽に来るほど海水浴場として賑わっていた。時代の流れと共に、海水浴場の地図からは消えたが、今でも海のビート（鼓動）と刻々と変化する輝きは、多くの人を魅了し続けている。

妻であり母でありコーヒーマイスター
至高の一杯に幸せいっぱい

CAFE《カフェ》 BARK《バーク》

住宅街の一軒家。軒先の控えめな手書きボードが目印だ。*コーヒーマイスターによる自家焙煎珈琲が飲めるとウワサを耳にしやって来た。8畳の和室を改装した小ぢんまりした店内ながら、「今日は予約だけで20人」。ここには客を惹きつける〝何か〟がある。

父親の影響で中学の頃から珈琲好き。「社会と接点が持てる仕事をしたかった」から、結婚と同時に「珈琲屋をやる」と決めたオーナー・石川和子さん。下関の自家焙煎珈琲屋で実技や経営、心構えまでを学び、子どもが小さいうちにコーヒーマイスターの資格も取得。家族の理解と協力、友人たちのアドバイス、よき出会いが重なり、2009年11月に念願を叶えた。

「下関でおいしい珈琲屋はここ」と言ってもらうため、生豆は季節に合わせ、苦味を持ち甘味が強く酸味の少

〒751-0888
下関市形山町1-4
tel・080-1933-2734
11時〜16時
休・水・日曜
P・4台
喫煙
MAP・P140

コーヒー 400円
エスプレッソ 400円
カプチーノ 400円
ケーキセット 500円
グリーンカレーセット 1000円
チキンカレーセット 1000円
パニーニセット 1000円
※1000円のものはアイスクリーム、コーヒー、ケーキ付

＊コーヒーマイスター
日本スペシャルティコーヒー協会が主催する認定試験に合格すると取得できる資格。深い知識と基本技術が求められる

ないものを選ぶ。鮮度を保つため手廻しの焙煎機でこまめに、少し深めの焙煎をして、丁寧に軟水で淹れる。珈琲を淹れることに集中するために料理は3種類に絞った。中でもグリーンカレーは、「カレー屋と言われるようになっちゃった」とマイスターを残念がらせるほど人気がある。食事の後、約6種類から選べる自家製ケーキは、2個盛りで頼むツワモノもいる。

　カウンター向こうでひっそり笑う、招き猫的・エケコ人形に、「関ジャニのコンサートチケットが当たりますようにってお願いするんです」とチャーミングに笑う。家事と仕事の両立で睡眠3時間ながらも明るく元気。お客を惹き寄せる人柄が、何にも勝る魅力だと思った。ちなみにもう2回、チケットは当たっているとのこと。

穏やかな城下町のひと時
上質の焼き菓子を

桂《カツラ》のさと

「ここの焼き菓子は味が良くて、私が食べても安心なの」と、アレルギー体質の友達が教えてくれた。歴史を重ねた城下町に流れる壇具川《だんぐがわ》は、春の桜、夏の蛍、秋の紅葉と、四季折々の表情を見せる。長府毛利邸を背に、苔むす石垣の路地を抜けた川沿いにあるのが「桂のさと」だ。

　鹿児島育ちのオーナー・後藤正義《まさよし》さんと、高校まで長府で育った妻・かおりさん。東京の勤め先で出会い、その後、渋谷でシステムエンジニアの会社を起業し約20年経営。故郷より長く暮らした東京と横浜だが、退職を機にかおりさんの両親の住む長府へ。いとこの土地に、東京で建築士をする弟が建てたカフェを、２００３年４月にオープンした。

　地元の焙煎屋と正義さんによるブレンドをネルで丁寧に淹れる。「おい

〒752-0979
下関市長府川端2-3-26
tel・083-241-0200
10時30分～17時
（OS16時30分）
休・水曜、最終木曜
（祝日の場合は営業）
P・10台
テラス席のみ喫煙（犬もOK）
MAP・P140

ネルドリップコーヒー 500円
カプチーノ 500円
ダージリンティー 500円
シュークリームセット 800円
ケーキセット 900円
自家製ベーコンのサラダ 600円
黒豚六白カレー 800円
桂のさとのお弁当 1400円

しいものを食べるのがすごく好き」とニコニコ話すかおりさんのカレーには、黒豚の中でも質が高く美味な鹿児島産・六白を。焼き菓子には「安全な食を」と、安全性を厳しく審査した食材を扱うグリーンコープの牛乳と卵を使用。「高価なので儲けなしです。でも味が全然違います」と言うとおり、毎朝手作りされるアイスクリームやシュークリーム、ケーキは混じりっけのない素材の輝きが生きている。

　地元の人の助けを得て、夫婦二人三脚でやってきた。今は闘病中の夫に変わり、妻が切り盛り。職業インタビューで訪れた地元中学生からのお礼の手紙を、「宝物だ」と見せてくれた。同時開店した飲食店の多くが姿を消した中で残れたのは、そんな人柄にもよるのだろう。開け放たれたガラス戸から通る風と、広い庭の緑が心地いい。

使い勝手の良さは
長居を決めこむ〝昔の喫茶店〟

珈琲gatto《コーヒーガット》

「〝古民家カフェ〟をやっているつもりはまったくないんです」。店の建物は、下関市の文化財に指定されていた内藤家長屋門の家屋を改築した、それはそれは古い江戸時代の名残。時を重ねた門扉をくぐり、ガラガラとガラスの引戸を開けた時、子どもの頃の大切なオモチャを見つけたような、思い出がキラキラ眩しい感覚が湧き起こった。漆喰の白い壁に這う蔦、ビンテージの床板、オレンジや黄色のランプ、アンティークのオモチャの車やミシン、秤……。開業するにあたり自宅から持ってきたものも多く、「たまたま昔から古いものが好きでこんな風になった」と、店主・藤岡さんは静かに話す。大改装の末、〝古きもの〟が〝良きもの〟へと変化を遂げた。

「やっているのは〝喫茶店〟」。淡々とした口調が少し熱を帯びた。「ぼくら

〒752-0979
下関市長府川端2-2-34
tel・083-249-5700
11時〜18時
休・火曜、第3水曜
（祝日の場合は営業）
P・なし（近隣有料Pあり）
禁煙
MAP・P140

コーヒー 400円
カフェオレ 450円
紅茶 450円
バナナジュース 450円
チーズケーキセット 780円
トーストサンドセット 980円
サンドイッチセット 980円
野菜たっぷりグリーンカレー
800円

が若い頃の喫茶店といったらジャズ喫茶。コーヒー一杯で何時間でもいられるような店がたくさんあったんです。本一冊読んでいい、そういう使い方が普通で、そんな店にしたいと思って」。取材時、真面目に話していた藤岡さんが、「だから逆に、すぐ（お客様が）帰られたら、なんかマズイことしたかなって」と人懐こい笑顔で不意に冗談を言うので、プッと吹き出してしまった。

　喫茶店が好きで、店を渡り歩き飲み比べた高校時代。以来、ずっとコーヒーに熱を注いできた。店で出すのは、地元の焙煎屋による「コクがあるけど後から酸味が追っかけてくる」オリジナルブレンド。アボカドのディップやドライトマトの入ったサンドイッチ、それに自家製チーズケーキも頼んで、さて本でも一冊読破しようか。

約40年、変わることのない活気
秘訣は〝おかげさまで〟の感謝の心

ワールドコーヒーショップ 王司店《オオジテン》

初来店は忙しいランチ時だった。しかもコーヒー一杯だけ。にも関わらず店主・伊藤光雄さんが気持ちよく「ありがとうございました」とお辞儀してくださった時、「いい店だ」と直感した。

一念発起し薬メーカーを退職後、下関に帰郷。当たると評判の占い師の「アンタ水商売やりなはれ。絶対、成功しますよ」という言葉で、コーヒー好きの伊藤さんは「喫茶店ならできる」と道を決めた。修業先に選んだのは当時、西日本で喫茶店やレストランを31店舗展開していた「ワールドコーヒー」グループの王司店だ。喫茶部門で営業成績最下位だったところ、半年で店長に抜擢された伊藤さんが大改革し、オーナーとなってわずか3年で成績トップへ盛り上げた。さらにお客に喜ばれる店を目指し1983（昭和58）年、完全に独立。その際「使って

〒752-0912
下関市王司川端1-7-30
tel・083-248-2751
9時～22時(OS21時30分)
休・月曜(祝日の場合は営業)
P・34台(共同)
ランチタイム(11時30分～14時)は禁煙
MAP・P140

ブレンド 400円
アイスコーヒー 440円
カフェショコラーノ 520円
アイスウインナーコーヒー 570円
店長の手作りケーキ 400円
森のスパゲティ 800円
てりたまハンバーグピラフ 950円
モーニング 580円～780円
ランチ3種 各750円

くれ」と哀願された店名は、そのままに。

しっかり濃いめのコーヒーはオリジナルブレンドをサイフォンで。モーニングやランチ時はまさに、満員御礼。「僕は食いしん坊なんです、ものすごく」。量が多いのも、大盛りでも値段が同じなのも、おいしいと評判の味付けも、食いしん坊はお客の〝ツボ〟がわかるのだ。

人気の秘訣を尋ねると、「夫婦円満が一番」と迷いないひと言。その言葉が胸に響いた。「夫婦互いに〝妻のおかげ〟〝夫のおかげ〟の気持ちがないと、うまい具合にいかない」。それはスタッフにもお客に対しても同じこと。一緒にカウンターに立つ妻・ますみさんも、占い師曰く「喫茶店にぴったり」。店を盛り上げるべく出会った二人の「おかげさま」の心が、店とお客の距離の〝近さ〟、居心地のよさを生んでいる。

自家焙煎とネルドリップ
30年の技でスペシャルティコーヒーを

大島珈琲店

どんな分野でも、「技」は続けることで研ぎ澄まされるもの。熱い湯の入ったポットを小刻みに動かしながら一心にネルへ湯を注ぐ店主・大島弘《ひろ》志《し》さんを、カウンター越しに眺めつつ思ったことだ。動きにムダがない。創業は1985年。コーヒーは30年以上、毎日毎日、何杯も淹れ続けた研鑽の味わいがした。

大柄の大島さん一人でいっぱいの焙煎室。しゃがんで黙々と、直火式の釜で焙煎を続ける。「良質のコーヒーを新鮮な状態で届けたい」と、生豆時と焙煎後の2回、ハンドピックする。「人がやることをそのまま同じにするのが嫌だったから」と、焙煎もネルドリップも、ほぼ独学だ。スペシャルティコーヒーは常時約30種がそろう。「たくさんの種類があるので、それぞれの良さを伝えたい」と、味のチャート表が貼

〒755-0029
宇部市新天町2-7-1
tel･0836-32-9623
9時～19時（OS18時）
※豆の挽き売りは19時まで
休･木曜
P･14台
禁煙（11時～17時）
MAP･P140
※小学生以下の子どもの
入店はできません

マイブレンド 430円
スペシャルティコーヒー
650円～
水出しアイスコーヒー 510円
カプチーノ 550円
クラシックケーキ 330円
コーヒーゼリー 580円
ランチ 930円

り付けてある。

好きなバロック音楽。木と漆喰。照明を落とした店内は、萩焼の照明のやわらかなオレンジ色がポツリポツリと浮かぶ。カウンターに並ぶ水出しアイスコーヒーマシンも焙煎機も、開店当初からのマスターの相棒であり、どちらも年を重ねた色味がアンティークさながらだ。

大島さん、妻の康子《やすこ》さん、姪、女性スタッフ。4人でまわすこの店には、来てくれるお客みんなが心地よく過ごすための約束ごとがいくつかある。他のお客に迷惑にならないかを気にして客に注意を促すこともある。「ワガママなことをやっております」と笑って言うが、あくまでお客中心だ。無表情の大島さんをはじめはちょっぴり恐い方かと思ったが、大外れ。気配りとユーモアの人だった。

大御所絵師のギャラリーカフェ
ため息が出るほどの魅力と完成度

コラム クリエイティブにカフェ散歩

SHORE'S（ショアーズ）

小さい頃、NHK「アニメ三銃士」が大好きだった。このキャラクターデザインを手がけた尾崎眞吾《しんご》さんは、色彩豊かな水彩画、リアルな鉛筆画などで高い評価を得ている絵師だ。キャノンコピー新聞広告で芸能人の鉛筆画制作、金子みすゞキャラクターデザイン、関東&中国郵政局発行の記念切手原画制作、JR西日本の列車の車体デザイン……。これら原画が見られる貴重な場所が、長門にある。

訪れた客が思わず「わぁ!」と歓声をあげる窓からの海は、青海島のシルエット、冬の荒波、夏のコバルトブルーと、四季折々の変化で魅せる。ここは、人との交流が好きな妻の恭子さんがこの景色に惹かれ、1996年から夫のマネージメント業と両立してはじめたギャラリーカフェだ。作品とともに飾られた船の模型は眞吾さんが情熱を注ぐコレクション。不定期でジャズライブなども開催され、タイミングが合えば似顔絵を描いてもらえることも。美しい海沿いの191号線をドライブがてら、ぜひ。

〒759-4102
長門市西深川361-1
tel･0837-22-5422
夏季 9時～19時
冬季 9時～18時
休･火曜
P･20台
禁煙
MAP･P140

コーヒー 420円
アイスコーヒー 470円
ケーキ 400円
ケーキセット 780円
サンドイッチ 800円
似顔絵（約30分） 7000円

萩・長門

明治維新はじまりの地であり世界遺産にも認定された、情緒溢れる萩。海上アルプスと呼ばれる青海島や360度パノラマの千畳敷で知られる長門は、詩人・金子みすゞのふる里。日本屈指の鍾乳洞とカルスト台地が雄大な秋吉台。見どころは尽きない上、昔から多くの人が訪れる名湯、夜の日本海に浮かぶ漁火や漁村の原風景など、地元人が愛してやまない「名所」も大きな魅力だ。

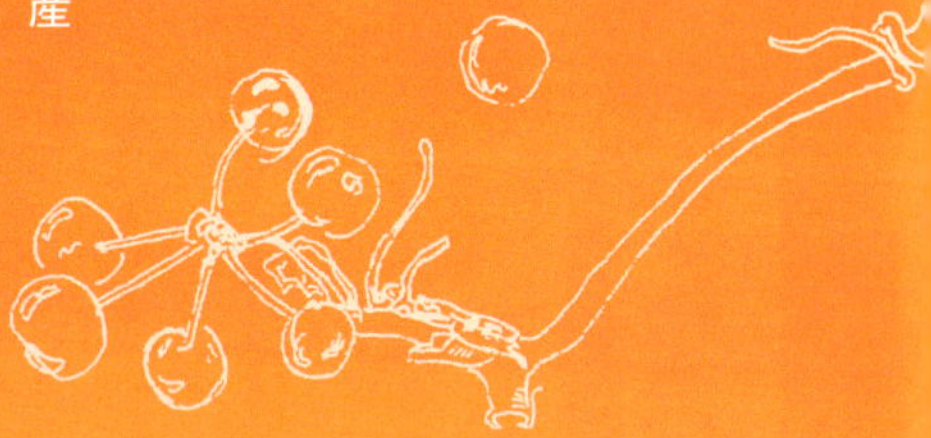

先人たちから受け継がれた庭と
古い家のたたずまいが一番のごちそう

俥宿《クルマヤド》 天十平《テンジュッペイ》

江戸の城下町が今も色濃く残る萩。その裏通りに溶けこむ重厚な店の門をくぐると、陽光で輝く豊かな緑が迎えてくれ、さらに奥には江戸後期から受け継がれた古民家がたたずんでいる。不思議なのはこの古民家にぴったり寄り添う白い洋館のような一角。「江戸〜明治期に建てられた家に、応接間として洋館を建て増しするのが大正時代に流行ったみたい」とオーナーの中原万里さんが教えてくれた。和洋折衷の部屋はこぢんまりながらも、当時の職人さんの自由で繊細な技がそこかしこに残る。窓枠や建具、柱……昔は普通に作られていたが、今はとても経費がかかり、細かな建具を作る職人さんはほとんどいない。

　この洋館でいただくのは〝最強コンビ〟の紅茶とスコーン。「珍しい茶葉を使ってるわけでも、高価な材料でス

コーンを作ってるわけでもない」と謙遜されるが、気に入って足を運ぶお客は多い。中原さん夫婦が大好きな紅茶は、セカンドフラッシュのダージリンとウバ。家庭の数だけレシピがあるスコーンは、本場イギリス人に教わったもの。添えられたマーマレードは、萩の夏ミカンで無添加・手作りだ。

古民家の畳部屋や縁側には、二人が心から「好き」と感じた県内外の作家ものの器や服などの作品が整然と並べられている。大きく開け放たれた障子戸からは広い庭が眺められ、樹齢300年の大きな木が店を守る。「この庭を見ながらくつろいでもらいたい」と万里さん。今まで200年近く、ここに縁あって住んだ人たちが、夏の暑い時期に除草剤などを使わず草を手で一本一本抜いて、維持してきた庭だ。潰すのは一瞬。200~300年

〒758-0077
萩市南古萩町33-5
tel・0838-26-6474
10時～17時(季節により変動)
休・水曜(祝日の場合は営業)
P・3台
禁煙(庭は喫煙可)
MAP・P141

ストレートティ
（ダージリン）450円
ミルクティ（ウバ）450円
紅茶とスコーン（1個）の
セット 650円
煎茶と生羊かん 500円
夏みかんのジュース 400円

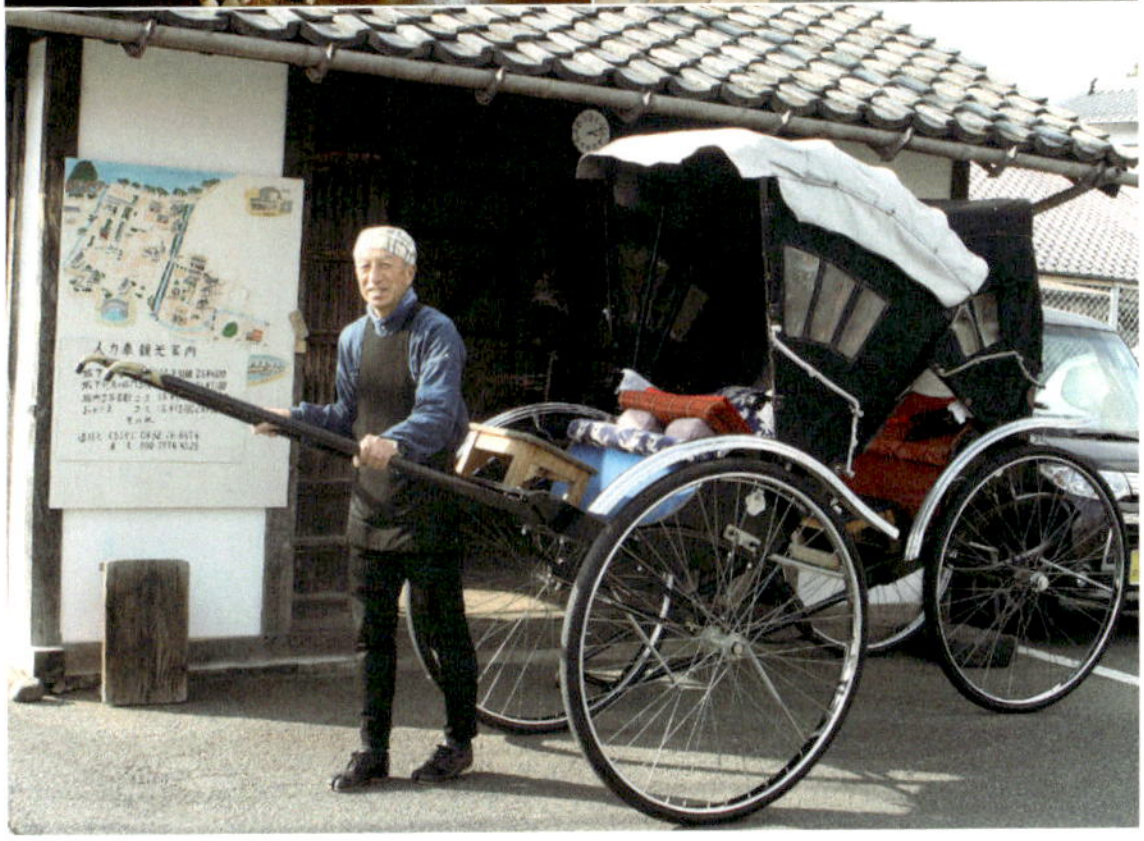

の歴史があっという間になくなる。江戸時代の庭が残されているのは、とても貴重なことなのだ。

もともと、夫の省吾さんが長年、熱い想いで人力車業を営んでいたため、それをサポートし、待合所のつもりで始めたカフェギャラリー。だから店名「俥宿」は「昔の人力車の営業所」からとった。萩の魅力をより多くの人に伝えるべく、江戸の町家を自分たちで大改装した姉妹店「コトコト」では、コーヒーも楽しめる。

省吾さんが人力車で白壁の町を案内し、万里さんが萩のよさを話してくれる。「何人もの先人達が200年の時を超え守ってきた空間が随所に感じられるのが、萩の魅力。私たちも、楽しみながら一年でも長く、この家を守りたい。この庭と家のたたずまいが何よりの贅沢です」

自然と人が調和したカタチを目指す店
素材が最大限生かされた美味を味わう
La《ラ》 Ceiba《セイバ》

「より地元の人の素材を直接っていう形になってます。野菜、肉、魚、調味料。なんでもそろいますからね、萩は」と笑うオーナー浅井朗太《ろうた》さん。野菜がおいしいと評判の店だ。さらに、できる限り自然栽培、無農薬、無添加のものを。白砂糖やアミノ酸調味料は使わない。「多少手間はかかっても、素材そのものが持ついいところを探して引き出したい」という心こそ、一番のおいしさの素だ。コーヒーも、地元「長屋門珈琲」の豆をその都度、一杯ずつ挽いてハンドドリップ。あえて廃材や土の壁を利用し、接着剤を避けて造られた店内で、気持ちもゆったり。待ち時間には奥のショップで、自然食品やオーガニックコスメなど、買い物も楽しめる。

もともと飲食業が好きだった千葉出身の浅井さん。大学在学中の「自

分の店を持つ」という夢のため、自然食と雑貨を扱う東京の「ナチュラル・ハーモニー」に就職。自然と人が調和して本来の力が発揮されるような暮らし方を実践し、普及させる会社だ。飲食の経験や、業界の知識をここで、5年間みっちり学んだ。

この会社を選んだ理由は、大学3年にゼミで訪れたエクアドルでの体験が大きい。電気、ガス、水道もない山奥で質素に暮らす村に当時、企業による鉱山開発調査が入った。森が破壊され、村の水源である川が重金属に汚染されたことにより、村人による激しい反対運動が起きた。さらに森で生きる多くのいのちや自然と寄りそう生活を守るべく、森を残し森をつくる森林農法でのコーヒー栽培により、経済的に自立。このような、環境破壊に対しての市民レベルの活動を、たくさん

〒758-0047
萩市東田町92番地
tel・0838-21-4331
12時〜OS14時
18時〜OS21時(木〜土曜のみ)
休・日、第３月曜
P・なし(近隣無料Pあり)
禁煙
MAP・P141

オーガニックコーヒー
450円
カフェ・オ・レ 500円
しもせさんのリンゴジュース
400円
チーズケーキ 500円
フレンチ・トースト 500円
本日のランチAコース
900円
シンプルディナーコース
2500円〜

目のあたりにした。
しかもこの時の企業の一つが日本の企業だった。「地球の裏側で自分の国の企業がこんなに迷惑をかけている。自分の日本の暮らしは世界と無関係ではなく、何かしら影響を及ぼしたり何かを犠牲にすることでなりたっている」。そう強く感じた浅井さんは、「まず自分の身のまわりから変えよう」と、行動にうつしたのだ。

普段は海とギターとサッカーを愛する近所のお兄さんであり、3児のパパ。長男が1歳の時、時間に追われる生活でなく家族みんながのびのび暮らすために、妻・智子《さとこ》さんの実家がある萩に横浜から越した。3カ月後の2008年5月、店をオープンし、夢が一つかなった。「これからも、自分が体験してきた大切なことを仕事を通して伝えたい」

多様な人々が集い何かが生まれる
ゲストハウスのおしゃれカフェ

萩ゲストハウス ruco《ルコ》

空き店舗が増えるこの界隈に歯止めをかけた「ゲストハウス・ルコ」。全面ガラス張りで開放的な1階のカフェスペースには国内外の旅人や地元人が集い、いつも賑やかで明るい。オーナー塩満《しおみつ》直弘《なおひろ》さんの気さくな人柄で県内外につながりができ、ルコを軸に萩出身者がUターンで開業し始め、町に動きが出てきた。

生まれ育った萩は好きだが、狭いコミュニティーしか知らず閉塞感を感じていた10代。県内の大学在学中、あえて苦手な海外・カナダへと飛びたった。様々な国の人や文化、価値観と出合い、自分が解放された1年間。その後のニューヨークは、何をもって生きていくかを常に問われる修業の1年半。自分の国を出て実感したことは、「行動することの必要性」と「人の縁」だった。この頃にはもう、萩で何かを

〒758-0044
萩市唐樋町92
tel・0838-21-7435
12時〜22時（日・月曜16時〜）
休・不定
P・なし
禁煙
MAP・P141

コーヒー 350円
チャイ 350円
チーズケーキ 450円
スコーン 400円
キッシュorスープ＋サラダ
800円
チョンマゲビール 650円

することしか考えていなかった。

帰国後、東京で接客業に従事する中で、萩で宿をという想いが膨らんだ。そして鎌倉のデザイナーズ旅館で2年半、運営全般を学ぶ。その後、等身大の自分がもっと旅行者と関わり、萩の魅力を伝えるには、どうしたら？と考え、東京のゲストハウス「トコ」を訪れた。多様な人々が集まり交わることで、何かが生まれる空間は理想の形だった。帰郷後、仲間と2011年にバー「コエン」を、そして2013年、念願の「ルコ」をオープンさせた。

1、2階のカフェは誰でも気軽に利用できる。16時以降はドリンクのみだが、16時までは仲間の一人、秋本真《ま》梨《り》衣《え》さんの手作りスイーツも。「萩は海も山もあって、楽しむための材料にめっちゃ恵まれた土地。感性が育つ町」。おいでませ。

隠れ家バー、ピタ屋、画材屋、アート教室
ひと粒で４回楽しめるクリエイティブワールド

8½ hakko 2 bun no 1《ハッコニブンノイチ》

城下町の街並みから近い、江戸時代に毛利の殿様が参勤交代で通ったお成り道を、初めて散歩していた時のこと。萩らしからぬアヤシイ店を見つけ好奇心で足を踏み入れたのが、店主・國本《くにもと》ゆうじさんとの出会いだった。

築約２００年の古民家の中は、手前がピタ屋（中東サンド）、奥が週末バーになっている。秘密基地にやって来た少年少女のような顔で客は扉をあける。そこに〝異国風・國本ワールド〟が広る。バーではピンクの巨大足のオブジェがカウンターから伸び、上を見上げれば江戸期の重厚な梁に等身大の人形が鎮座している。「バーやカフェに集う人を描くのが好きで、それが発展してバーそのものが３Ｄの作品に。この店は僕の頭の中そのものです」

ゆうじさんは根っからのアーティストだ。セツ・モードセミナーで長沢節

〒758-0046
萩市西田町24
tel・0838-22-2427
ランチ 12時～14時
（日によって変わる）
バー　20時～24時
（金・土曜のみ）
休・月曜、不定
※臨時休業もあるので、事前の電話確認が確実
P・2台
ランチ禁煙、バー喫煙
MAP・P141

エスプレッソ 350円
世界のビール 700円～
今日のスイーツ 350円
ピタランチ 850円
シャクシューカランチ 950円

氏に絵を学んで以降、映画看板工房、CGデザインやイラストなど、クリエイターとして東京で20年以上活動を続けた。45歳の頃、活動の場を本格的にイスラエルに移す準備をしていたが、NYテロ事件が起き、同時に母親の発病。20数年ぶりの帰郷を選択し、画材屋を継いだ。創作を続けながら、バーやピタ屋をオープン。年齢差17歳の妻（筆者）とユニットでイラスト業をこなし、一児の父としても奮闘中だ。
　料理好きのゆうじさんが本場で習ったピタや中東風料理も珍しい。なるべく無農薬の野菜、山口県産鶏肉、有機ひよこ豆など、素材にも気を配る。一人で店を切り盛りするので、少し長めの待ち時間でお客は店内を散策。内装、外観、メニューがどんどん変わるおもしろさが人気。ゆうじさんにとっては店全体がキャンバスなのだ。

深夜までオープン。味、そして
フランクなお付き合いが魅力のコーヒー屋

café《カフェ》 Jantique《ジャンティーク》

萩では珍しく深夜まで灯りが灯る。幅広い層のお客がおいしいコーヒーとオーナー中屋達也さんを目当てに来店する。コーヒーはまったく飲めなかった12年前。地元・萩に帰って来て、観光地なのにウエルカムコーヒー的な場所がないことに気づき、カフェをやると決意した。その後、焙煎のスペシャリストである福岡の「ハニー珈琲」と出合い、スペシャルティコーヒーのおいしさ、奥深さを知った。以来、小さな軽バンでスタートしたコーヒーショップはずっとスペシャルティコーヒーを提供している。

鮮度が大切である豆はわずかなロットで仕入れ、回転を早くし、次の豆を楽しんでもらう。注文を受けてから豆を挽き、口につける時に最善の温度であるか、口につけた瞬間に「おいしい」と思ってもらえるかを意識する。

〒758-0047
萩市東田町18-4
ヤングプラザ萩1F
tel･050-1262-0519
11時〜24時
休･月曜
（祝日の場合は営業）
P･2台
禁煙
MAP･P141

ブレンド各種 300円
今日のおすすめコーヒー
（シングルオリジン）
350〜550円
エスプレッソ（シングル）
320円
カフェラテ 400円
ハニーカフェラテ
（萩産はちみつ）470円
アイスアメリカーノ
（アイスコーヒー）350円
キャラメルカフェラテ
450円

季節によってコーヒーの温度を変えたり、「この人は今こういうものを求めている」というのを考えたりと、お客一人ひとりのニーズに心を配る。

「とにかくお客様はみなバラエティにとんでいて飽きない。それにしっかり話をすると、みんな本当に個性的」と、船乗りとして世界を旅した中屋さんは楽しげに話す。田舎のカフェだから、根底にあるのはいわゆる「店の接客」ではなく「裸の付き合い」。時にはディープな話になることも。「初めて来た方はビックリしちゃうけどね」

もともとカフェは情報交換の場。40~50年前のヨーロッパのカフェのように、お客の雑多な話の中から何かが生まれる、そんなカフェに近づいている。人とのつながりが薄まる昨今、ありのままのお付き合いもできる店は、萩の大きな財産の一つだ。

日本風オリジナリティーもありながら
世界に通じる「萩の味コーヒー」

長屋門珈琲 カフェ・ティカル

メニューには、酸味↓苦みの順にそれぞれの特色をもつ、世界各国のコーヒー20数種類が説明つきでズラリと並んでいる。焙煎機はもう21年の相棒。「焙煎している時が一番幸せ」とオーナーの小川成一さんは笑う。

「最初からこの道に好きで入っちゃって、そのままなんです。ずっと」という成一さんは、生まれも育ちも東京。浅草の「バッハ」などの名店で経験を積みながら、自分の店をオープン。その後、祖父が生まれ育った萩でコーヒー屋を始めて20年以上が経った。

萩に来る前は、好きだった第三世界の文化や遺跡をテーマに店作りをするつもりが、萩に来て10年が経つ頃には萩の気候風土や文化の中でのコーヒー作りに興味が湧いた。「たとえば水の質が違うと味わいも違いますから。初めてコーヒーに使ってみてわ

〒758-0025
萩市土原298-1
tel・0838-26-2933
9時30分〜20時
（日祝日〜18時）
休・月曜（祝日の場合は営業）
P・8台
禁煙（庭に喫煙コーナーあり）
MAP・P141

コーヒー 400円〜
萩の味ブレンド 各種450円
カプチーノ 480円
フローズン夏みかんジュース 470円
手作りケーキ バイエルン 370円
トースト（タマゴ） 380円

かったんですが、萩は水が硬いんです。それに新鮮な魚介類や旬のものが身近に手に入るし本当においしい。コーヒーは基本的に肉食文化なんだけど、日本のお寿司とか魚、お味噌などに、はたしてそういうコーヒーが合うか疑問を感じて」。萩に合う味を生み出したい、そうした想いの集大成が「萩の味ブレンド」3種だ。

店を一緒に作り上げている妻の聡子さんは「私たちにはファッションとしてのコーヒーはムリなんです」と語る。「でも私たちにあるのは蓄積。豆の質、焙煎の状態を知り丁寧に作るという技術があります。だから、今のコーヒーはどういうものかをしっかり見て、自分たちが得た経験と知識から、これがおいしいんですよ！っていう渾身の一杯をお出ししています」

緑豊かな庭園の風を感じながら
ゆったりアフタヌーンティを

ギャラリーカフェ 藍場川《アイバガワ》の家

約250年前に農業用水や物資運搬のためにつくられた藍場川は、萩・城下町を縫うように流れ、江戸情緒を今も色濃く醸す。この川沿いに建つのが、洋館風の洒落たギャラリーカフェ「藍場川の家」だ。傾斜した屋根の向こうでは、樹齢約250年のもみの木が店を見守っている。

「懐かしさを感じてもらえるよう設計士さんとこだわった」という店内は天井が高く、ガラス張りの窓から陽光が降り注ぎ開放的だ。明るく気さくなオーナー・室田佳子《よしこ》さんが、「音楽と飲食店、畑は違うけど表現することは一緒」と活動の場を萩に移し、「母が輝ける場所に」と作品発表の場としてオープンしたのが2009年。今では多くの人がギャラリーやカフェを愛用し、定期的にコンサートも開かれている。

コーヒーに並び人気の紅茶も、広

〒758-0031
萩市川島294
tel・0838-26-1536
10時～18時（OS17時30分）
休・火・水曜
P・7台
禁煙（テラス喫煙可）
MAP・P141

コーヒー 430円
紅茶各種 460円～
チャイ各種 490円
よくばりスイーツセット
820円～
野焼きの森（オリジナルケーキ）
440円
焼きサンドイッチ（ドリンク付）
930円

島の専門店から取り寄せる質と鮮度の高いもの。透明なポットを浮き沈みする茶葉を眺めつつ、庭で採れる季節の果実で作ったジャムを添えた自家製ケーキを頬ばり、客は思い思いにのんびり過ごす。「非日常の中でゆったりしてほしい」という室田さんの心遣いが随所に感じられる。

　江戸当時、藍場川の水を台所や風呂場に引き入れて〝ハトバ（階段のある水場）〟を作り、生活に活用していた。この店ではテラス横に〝ハトバ〟が見られ、川の水を利用した見事な流水庭園も残されている。古き良きものは昔の人が現代に残す「想い」。それを「残すための保存」をし、「今」と融合させ子どもたちに伝えていくこと。住むこと＝守ること。ハトバを前に、室田さんがそう話してくれた。世界遺産に認定された萩のこれからが楽しみだ。

愛着ある品々に囲まれて
馬車の走る時代に想いを馳せる

おかむら

「店の玄関に置いてあるタンスやせつぎ（踏み台）、火鉢も昔からあるものです。この棚の文字は私の落書きです。あの扇風機は私が小さいとき使ってましたよ、昭和の時代の、三菱のね。これは私が昔、着ていた着物。あちらの大きなカバンは曾祖父が旅行に使ってたんだと思います。あれは茶棚で、引越しの際に先代が大阪から汽車で持ってこられたもの。これは本家のガラス戸をはずして来ました」。当時を思い出しつつ、オーナー川本結花さんと母、芳子さんが、店内をかわるがわる説明してくれた。

　風で揺れる大きなのれんをくぐると、商家ならではの和を残しつつアンティークが散りばめられた、モダンな空間が広がる。高校卒業後、13年暮らした関西で、プロについて空間デザインを勉強した結花さんのセンスが光

〒758-0023
萩市浜崎新町156
tel・0838-22-0157
10時〜17時
※日曜のみ営業
P・8台
禁煙
MAP・P141

コーヒー 350円
コーヒーセット 550円
抹茶セット 450円
スムージー（7〜9月） 450円
ぜんざい 500円

る。萩に戻り20年。小さい頃から住んできた、先祖代々の大事な家にお返しがしたい。世話になってきた地域の高齢の方が気軽にお茶を飲める場所にしたい。山口県の作家を紹介したい。そんな想いの結晶だ。

「曽祖父、祖父は桐のげたの問屋をしてました。車がない時代ですから皆、馬車を利用してました」。この店のある浜崎地区は、国の重要伝統的建造物群保存地区に選定されている。江戸時代、城下町成立にともない商港として開かれた港町であり、江戸時代から昭和初期に建てられた家々が多く残る、懐かしの町だ。曽祖父の代から住んでいるという築約200年の岡村家で、萩の「長屋門珈琲」の豆で淹れたコーヒー。手作りのシフォンケーキとともに、昔の人々の息遣いに耳をすませたい。

芸術を愛した祖父が開き
優しさとともに孫が継いだ萩空間

喫茶　俗塵庵《ソクジンアン》サワモト

約40年前、「自分が俗世の塵《ちり》のような男だから」と名付けたその人は、もうこの世にいない。初代店主の澤本良《よし》秋《あき》さんだ。開業前は萩工業高校教師で、美術部とラグビー部の顧問を担当。長年のラグビーで体格が良く、恐れられながらも不良学生からも慕われた、筋の通った人だった。美術では製図にも関わらず、定規を一切使わず教えた変わり者。在職中から熱心に絵を描き、石を彫り、陶芸にいそしんだ芸術家でもある。萩の風景画は氏の代表作で、「萩、町並散歩60景」としてまとめられた。退職後に喫茶店を開業。その傍ら、萩文化財保護の仕事をし、紙媒体で文章や挿絵の仕事も受注した。海外へも一人でよく出かけ、冬は「冬眠中」の札を下げ店を閉め、マイペースに30年近く営業を続けた。

店主が空へ旅立ち、かれこれ10年以

上、閉ざされていたが……。唐突にあちこちから「開いてるよ！」とのウワサを聞きつけ、駆けつけた。現れたのは、思いのほか若い店主・木《き》原《はら》史郎《しろう》さんだ。良秋さんの孫にあたる。兵庫出身の木原さん、萩は子どもの頃から長期休みのたびによく来ていた。ところで、なぜIターンを？

当時、東京で営業職から物作りの道に転職を検討していた喫茶好きの木原さん。ある人から喫茶業を推され、その後の職業適性検査で出たのはズバリ「カフェ店長」。そしてサワモトを「更地にして駐車場に」との話が出たこと。出来事が重なり「これはもう、喫茶を継げということか」と、2015年3月に来萩。3カ月後の6月、いよいよ木原さんへとバトンが渡された。

コーヒーは注文の都度、ハンドド

〒758-0057
萩市堀内菊ヶ浜481
tel・0838-21-7722
９時〜18時
（日祝日・冬季〜17時）
休・水曜、第４木曜
（祝日は営業、翌日休み）
Ｐ・5台
禁煙
MAP・P141

コーヒー 400円
抹茶（茶菓子つき） 400円
紅茶 400円
ウーロン茶 400円
夏みかんジュース 400円
夏みかんゼリー（期間限定）
300円
レアチーズケーキセット
600円
ピザセット 800円

リップ。カップ・オブ・エクセレンスの国際審査員と2種類のブレンドを開発した。裏千家を学んだ木原さんが点てる抹茶も人気がある。ドリンクも手作りスイーツやピザも、萩焼の器で。蔵のような白壁の建物は、祖父・良秋さんが大工の曽祖父と建てたものだ。中腰で入る遊び心のある入り口、祖母が造った緑生い茂る庭、転々と置かれた祖父作の石像、囲炉裏のテーブル席、コレクションのランプや時計、曽祖父の時代の日本酒の徳利、そして壁にかけられた祖父の萩風景画。店にあるさまざまな物たちが静かに語りかけてくるから、ＢＧＭは必要ない。

祖父を「ニコニコ優しい人。コーヒーもやさしい味」と表した常連客が、木原さんのコーヒーも同じ味だとつぶやいた。受け継がれた柔和な心も、店を代々と繋ぐ魅力の一つである。

明治の酒蔵を改装した喫茶
懐かしい漁村の原風景に癒されて

グルニエ

日本海と太陽が眩しく輝く１９１号線沿い、十字路にポツリと建つ喫茶店。明治時代の酒蔵「大黒屋酒造」を改装し、１９８８年に喫茶、ギャラリー、写真館として生まれ変わった「グルニエ」だ。

陸に囲われた天然の良港・江崎港は、漁業で栄えた港町。オーナー中本修造さんの先祖がここに根をおろしたのは、大型貨物船で物資輸送をする廻船問屋《かいせんどんや》だった江戸期。その後、明治期には運輸・造船・薬品会社を。戦後は曽祖父が薬局を始め、昭和30年代に祖父が写真館もスタート。長男の父がそれを継ぎ、奥まった場所から元大黒屋である今の場所に移店。そして、九州の大学で写真を学んだ修造さんが、移店を期に写真館を継ぎ、喫茶を開店した。薬局は弟が継いでいる。

当時の江崎は商店が賑やかに軒を

〒759-3113
萩市大字江崎1110-1
tel・08387-2-0010
（ナカモト薬局内）
10時～17時
休・日曜（祝日の場合は営業）
P・12台
禁煙
MAP・P141

大黒ブレンド 420円
弁天ブレンド 420円
アイスコーヒー（季節限定）
470円
ワッフル 450円
ホットサンドイッチ 470円

連ね、写真館と喫茶も大繁盛。見事な梁が残された2階ギャラリーでは、精力的にイベントや音楽会を開催した。地元タウン誌の取材で来店していた元編集者の妻・美環子《みわこ》さんと出会い、結婚後は忙しくも二人三脚で切り盛りしていた。だが、人口が激減しはじめた江崎での喫茶経営は簡単ではなく、方向性を見直すため1年間の冷却期間を置き、2005年に再スタート。毎日、心をこめて自家焙煎するようになったのは、この時からだ。造園が趣味の父が掘りおこした江崎の土で修造さんが作る、陶のカップで味わうと、おいしさもひとしお。

　海沿いにある木造の県指定有形文化財・六角堂や、懐かしい漁村の風景、「大黒ブレンド」を楽しみに、江崎の旅に出かけたい。

長門の美味な珈琲屋・廣田珈琲店
店名を改め再出発

Cafe《カフェ》 Struggle《ストラグル》

初めの印象は、シャイな方。その後、常連客にだけ見せた笑顔。取材後は「お疲れ様でした」とスッとコーヒーをご馳走してくださった。オーナー・廣《ひろ》田《た》吉斉《よしあき》さんは、感情をあまり表に出さないが、優しい方なのだと思った。漆喰壁と高い天井のシンプルな店内にはBGMがなく、この町のように閑静で優しい時間が流れる。

長門と言えば詩人・金子みすゞ。そして、記念館の建つ〝みすゞ通り〟のコーヒー屋といえば「廣田珈琲店」だ。2004年に開業したこの店が2015年春に店名を改め、エスプレッソドリンク主体のカフェとして生まれかわった。メニューはしぼられたが、当初から定評ある「みすゞ通りブレンド」は今も注文ごとにハンドドリップかエアロプレスで丁寧に淹れる。時に、当初から人気の自家製ク

〒759-4106
長門市仙崎1410-1
tel・0837-26-1550
10時～19時
休・木曜
P・10台
禁煙
MAP・P141

ホットコーヒー 400円
（みすゞ通りブレンド）
アイスコーヒー 400円
（アイスアメリカーノ）
カフェラテ 400円
ロゼッタラテ 550円
エスプレッソスムージー 500円
クリームブリュレ 400円
アメリカンクッキー 300円

リームブリュレもお目見えする。
　昔からコーヒー好きか尋ねると、「はい。オタクです」とフッと笑った。開業前は手網で自家焙煎もしていた。自称「全然、趣味がない人間」が長年ハマった珈琲道だ。おいしくない訳がない。自家焙煎豆の販売は約15種類。豆は焙煎したてが美味というのが一般的だが、豆によってはひと月後の方がおいしいものもあるという。廣田さんの豆は「ふた月くらいおいしく飲める」とお客からのお墨つきだ。
　開業と同時に植えた蔦の緑が、夏、元・農協である古い洋風の洒落た建物を覆い繁り、シンボルになる。店内はニスをはがして柿渋を塗り直した床と、名残の重厚な金庫がいい味を醸している。店名の訳は「四苦八苦」。ほんのちょっぴり皮肉屋な一面も感じさせる廣田さんらしい。

不思議でワクワク、山奥の本屋
ゆるりとした時間とコーヒーを
ロバの本屋

ここは、異国のような穏やかで楽しげな時間が流れる。山に住む鳥や虫の鳴く声と、木々の濃密な空気。見上げると、梁を猫のミーコやんがニャオンと歩く。店内には、町の書店ではあまり見かけない本、外国の古書、陶器、雑貨、文具などが宝箱のように詰めこまれていて、ワクワク、うろうろ、ジックリ。本を眺めていると、ふんわりと酒粕酵母パンのいい香りが漂ってきた。そして店主・いのまたせいこさんが中深煎りのコーヒーを「どうぞ」と、すすめてくれた。

店の住所は「俵山《たわらやま》」。俵山は、湯治場として1100年以上の歴史を持っており、日本家屋の小さな宿が建ち並ぶ、昭和の雰囲気たっぷりの温泉街だ。ここよりさらに奥へ行くと、「ロバの本屋」にたどり着く

出身地の東京でギャラリーカフェを

営んで8年経った頃、「家賃の高い東京でずっとやっていくのも」と感じていた、いのまたさん。「ふらふら〜って家を探しにきて」。空き家歴20年、かなり傷んでいたこちらに出合い「修理すれば住めそう」と判断。つながりがあったわけでもない山口県の山の中に、「ここでいいね」と夫婦で移り住み、3年後の2012年11月に開店した。

実はここは元ウシ小屋。扉前のカフェ部分も、「屋根が落っこちてた」そうで、改装はだいぶ大がかりだった。建築系の学校卒で、家具を作ったり古い家を直して住むのは慣れていたが、「でもここまで朽ちてるのは初めてです」と笑う。

コーヒーは「信頼してる」という東京「ねじまき雲」の焙煎。自家製梅シロップを豆乳で割った「梅みつ豆乳」もトロリおいしい。パンは酒粕の酵母

〒759-4211
長門市俵山6994
tel・0837-29-0377
11時～17時
休・水・木曜、不定
P・5台
喫煙（展示内容により禁煙にすることあり）
MAP・P141

コーヒー 470円
アイスコーヒー 520円
カフェ・オ・レ 520円
チャイ 520円
自家製梅ソーダ 520円
梅みつ豆乳 520円
丸パンふたつ（バター、ジャム付き） 420円

を使った手作りだ。「わざわざ来てもらうから」と、他ではあまり出合えない本や雑貨を中心に。中でも気になるのはマスキングテープだ。今でこそ様々な柄があるが、もともとは建築・塗装の現場のツール。これをかわいい雑貨として世に知らしめた立役者の一人が、いのまたさんなのだ。マスキングテープ愛がぎっしり詰まった著書『マスキングテープとｍｔの本』も出版されている。

　自分でも本を手作りするほどのマニアが取り寄せる書籍は、「いろんな人が楽しめるように」と個人出版から絵本まで幅広いが、どれも数冊ずつ入荷しこまめに入れ替える。自分の好みに偏らないよう気をくばるが、「絶対出なかろうと思ってひと棚つくってる詩集コーナーは、割と出ます」と詩集好き店主、にっこり嬉しそうだ。

楽しみ尽きないおとぎ話のよう
ここは秋吉台のプチ・トスカーナ

Arbòreo《アルボレオ》

「ここの景色はイタリアのウンブリア州に似てるんです」とオーナー・井上英克《ひでかつ》さん。続き、「秋吉台は、丘陵地帯というところがプチ・トスカーナ」と妻の和美さんが目を輝かせる。ここは、石灰岩のカルスト台地で知られる秋吉台をそう表現した、イタリアを愛してやまない二人の〝バール〟だ。

イタリアのbar（バール）とは「カウンターでcaffe（主にエスプレッソ）を立ち飲みする場」だ。街中のあちこちで、老いも若きも朝から晩まで好きな時間にパッと立ち寄る。さて、日本のバール「アルボレオ」では、直火式焙煎機で深煎りした豆を英克さんがブレンドし、秋吉台から湧き出る、北イタリアにも似た硬水で丁寧に淹れる。水と心が、本場のごとき美味を引き出すのだ。そして寒い時期に感動した「ラテ・ジンジャー リモーネ」。ピ

リッと効いたスパイスと、湯気とともに香る柑橘系に、心身がホワッと緩んだのを思い出す。

　このバールはトラットリア（食堂）も兼ねている。「通常のレシピにとらわれず、身近にある素材で意外性のある組み合わせを意識する」と言う和美さんの料理は、イタリアのママの味が原点だ。素材の色や形が生かされ、色彩が魔法をかけたように艶《あで》やかなひと皿に、ワクワクしてくる。15食限定・要予約なのは、開業前から使っている鍋に一杯分の仕込みと、小さいオーブンで焼いたパン一回分。二人ができる範囲でお客をおもてなしするためだ。

　繊細でアーティスティックな仕事ぶりは、本業の写真でも惜しみなく発揮される。店内に飾られた写真からは物語が伝わってくる。プロカメラマンの英克さんは独立して16年。宇部で

〒754-0302
美祢市美東町赤1239-2
秋吉台リフレッシュパーク
tel・050-5207-1323
12時～18時（OS17時30分）
休・火・水曜
（祝日の場合は営業）
P・10台
禁煙
MAP・P141
※不安定なディスプレイや薪ストーブがあるため、小さな子の入店は静かに飲食できる場合限定

コーヒー 490円
カフェモカ（仏産生チョコ入り）640円
ジンジャーエール・エクストラピカンテ 640円
ラテ・ジンジャー リモーネ 640円
青梅とバジルのソーダ 640円
紅茶葉入りのベイクドチーズケーキ 540円
本日のお食事・ドリンクset（ランチ・要予約）1750円

二人で写真スタジオを構えていた頃から、「ロケに使える土地」を条件に、〝スタジオ&カフェ〟構想を練ること10年。元・プレハブの売店で、崩れ具合がダントツだったこの〝正方形の大きな箱〟に入った途端、「イケる！」と直感。大工さんと3人で半年以上かけて大改造の末、2009年3月にオープンさせた。以来、不器用だけどマイペースに、好きなコトにまっすぐに。感性と好奇心で新しいモノを生み出している二人。

「植物が好きだから邪魔になるくらい置きたい」と、軒先は緑いっぱい。新しいものより古いものが好き。放置された秋吉台の大理石、元・高校の卓球台など、不要品が二人の手で次々息を吹き返す。二人が愛おしく思って育てたヨーロッパのような空間に、子どもの頃のときめきが蘇るようだ。

おわりに

今、夫が淹れた珈琲を飲みながら、これを書いている。今回の取材を通して、珈琲の魅力にすっかりとりつかれてしまった。

関東でイラストの仕事をしながら、「子どもを育てるなら自然豊かな土地で」と思い始めた頃、萩で画材店などを経営する夫と出会った。萩に住み始めたのは、今から5年前。子どもが生まれてからは子どもとの時間を一番に、一緒に萩の海や山で遊び、ここでの暮らしに馴染んでいった。子どもが大きくなってからは飲食店としてイベントに出店する機会も増え、市外に出ることも多くなった。免許もとって、「これでどこでも行ける」と思っていた折に、書肆侃侃房代表の田島さんから久しぶりに電話をいただいた。田島さんとは約20年前、イラストの仕事を始めた時からのご縁だ。

「山口のカフェを紹介する本を作らない？」

自分の本を出版することが目標の一つでもあったので、願ってもないことだった。とはいえ私の人生で、イラストなしの仕事依頼があるとは、思ってもみないことだった。そもそも言葉で自己表現するのが苦手で絵を描き始めたのだから。そういう訳で今回、一番苦戦したのが、「文章を書くこと」だった。店主や店の魅力をどうやったら臨場感をもって伝えられるか。資料を集め、言葉を集め、想像力をマックスに引き上げての文章書きは、

ボキャブラリーが乏しい私にとって、予想以上のエネルギーが要った。と同時に、これまでやってきたイラスト以外の生業は、このためだったんだなとも感じた。いずれにしても、食べ歩き好きで食いしん坊、旅好き、インタビュー好きの私にとって、とてもやり甲斐があり楽しい仕事だったことは、間違いない。

最後になりましたが、忙しい中で取材に快く応じてくださった店主の皆さま、本を手にとってくださった読者の皆さま、心からのお礼を申し上げます。そして山口でも声をかけてくださった田島さん、時間のかかる私を粘り強く待ちアドバイスくださった編集の池田雪さん、大量の写真を素敵に仕上げ、細かな調整に丁寧に応えてくださったデザイナーの川上夏子さんや黒木留実さん、本当にお世話になりました。また、何度も「鬼化」した私を励ましてくれ、家事育児を引き受けてくれた夫と、ずっと待っていてくれた娘に、感謝の気持ちでいっぱいです。

この文章を書いている後ろで、娘が一人遊びをして私を待っています。そろそろ「かーちゃん」に戻って、娘と公園にでも行こうと思います。

皆さま、心から本当に、ありがとうございました。

２０１５年10月吉日　國本 愛

山口市阿知須

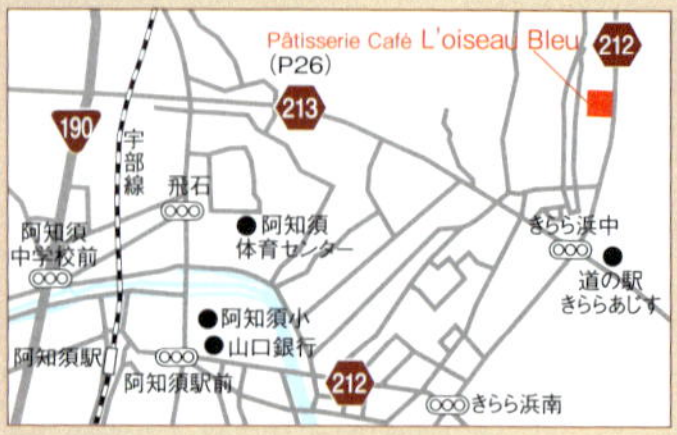

防府市

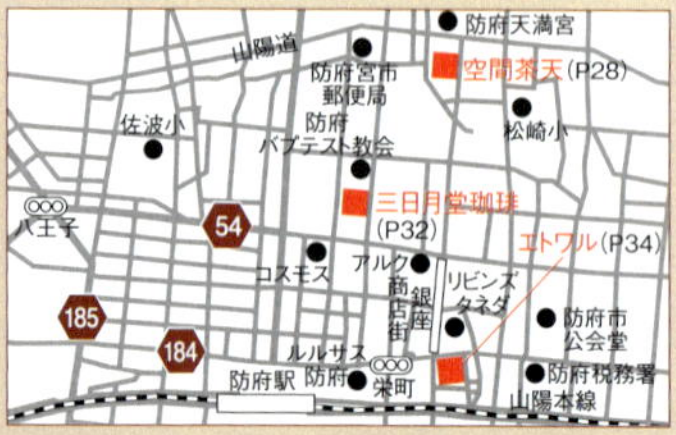

周南市新南陽

周南市徳山

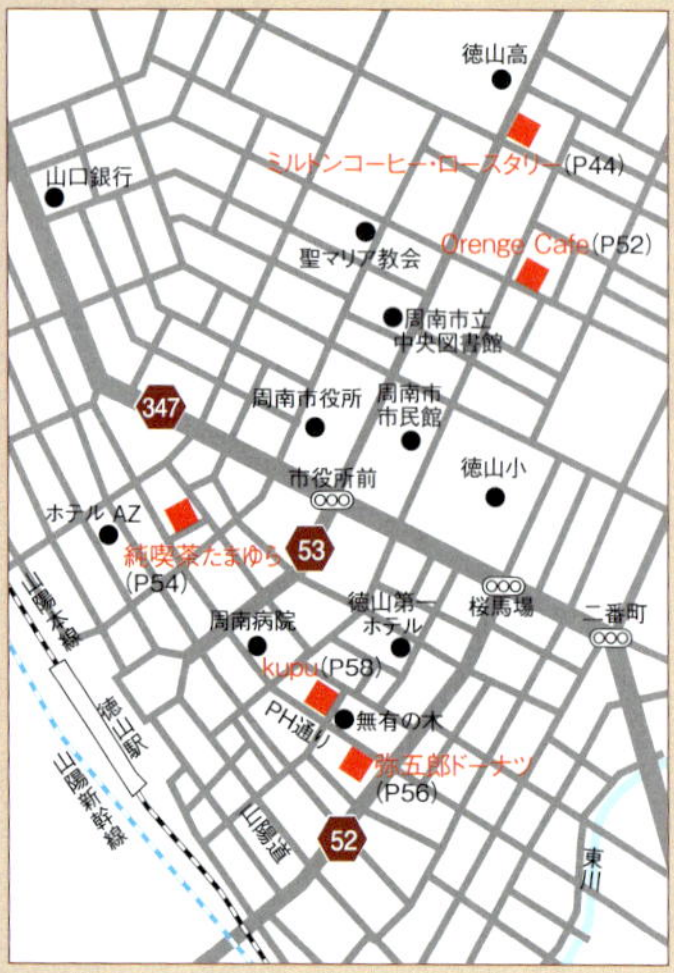

山口市中心部

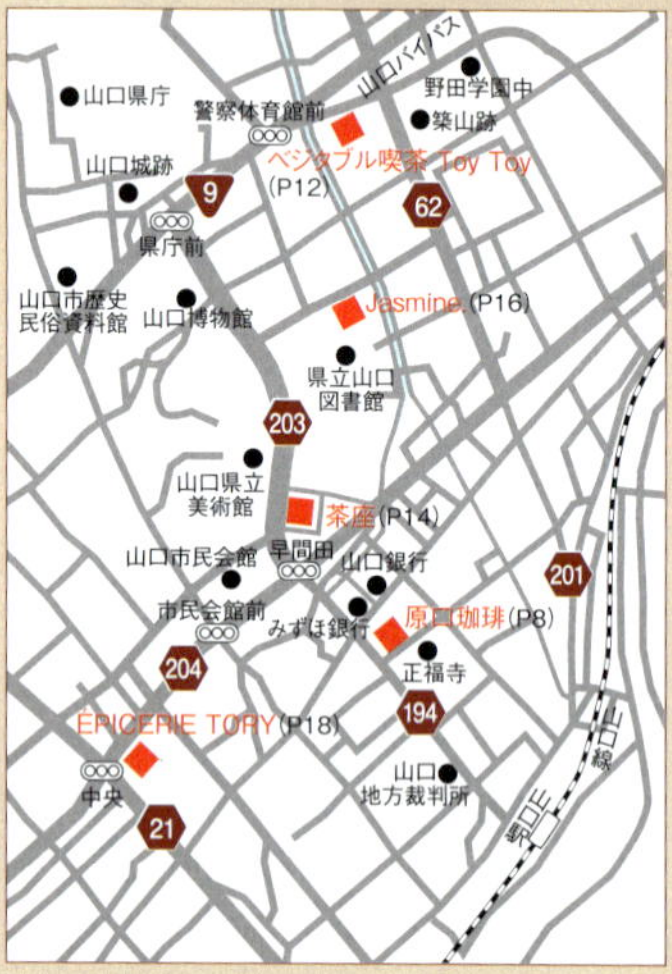

山口市大内

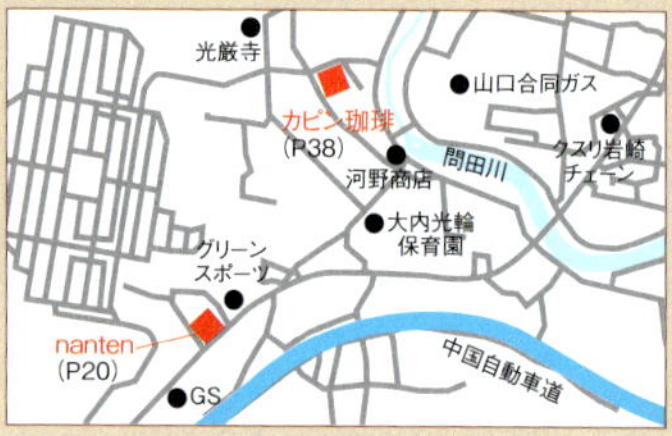

山口市湯田温泉

山口市徳地

岩国市

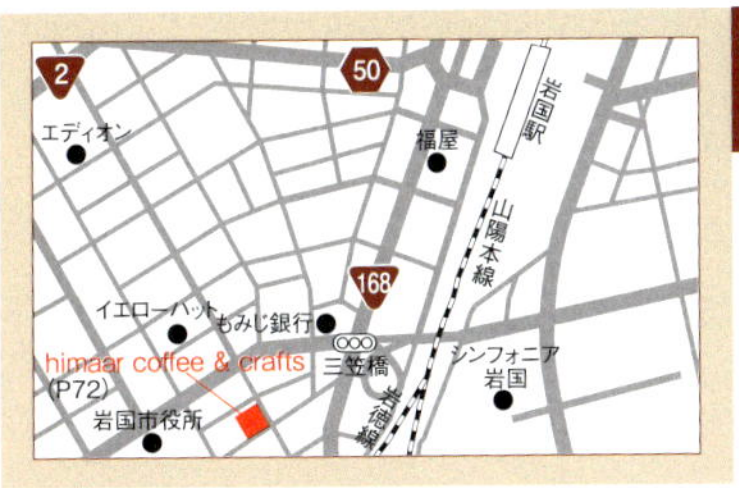

周南市新南陽

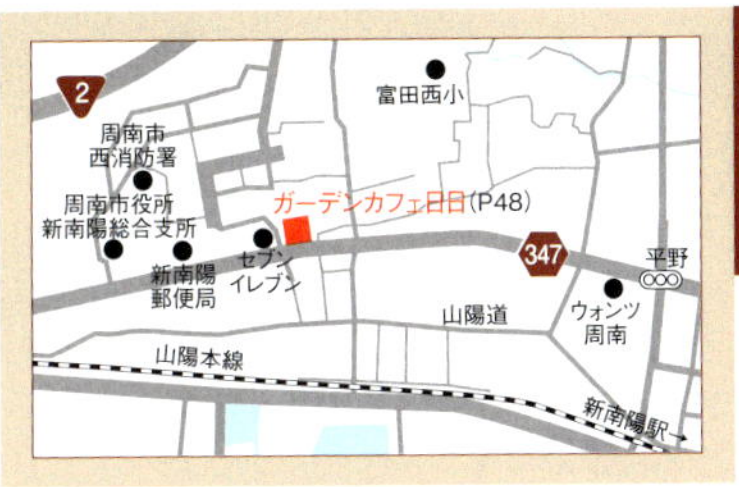

周防大島町

周南市須金

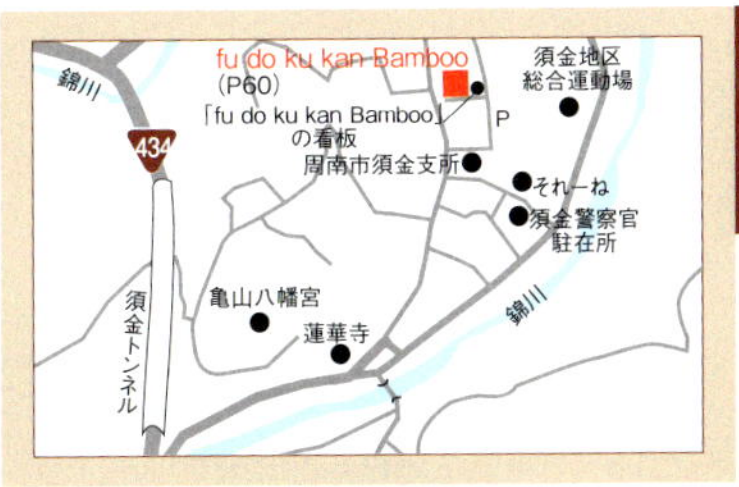

熊毛郡上関町

周南市鹿野

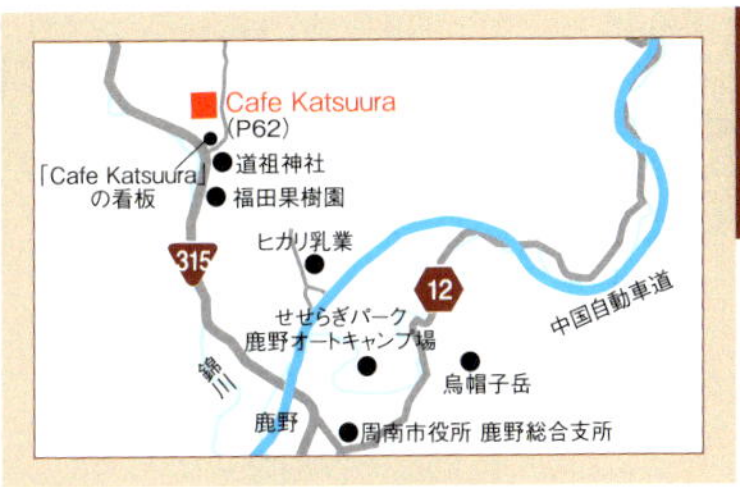

下松市

光市室積

下関市王司川端

宇部市

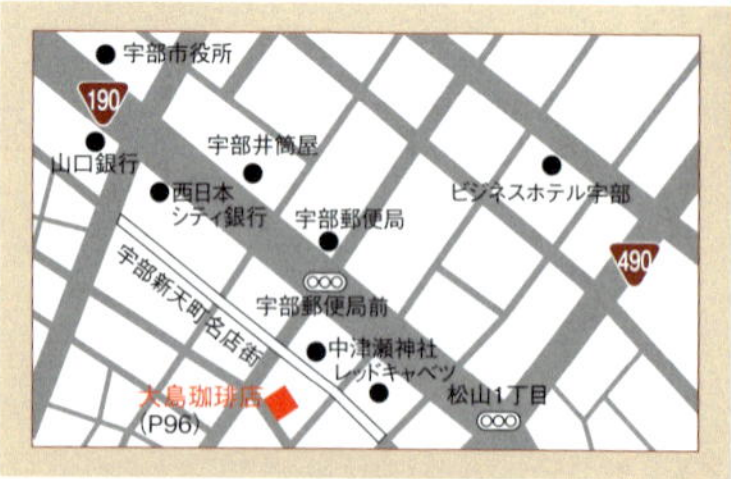

長門市西深川

下関市豊浦町

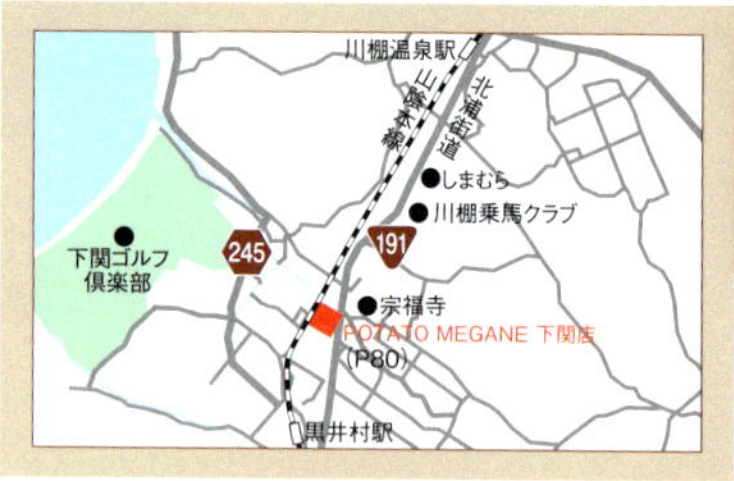

下関市上田中町

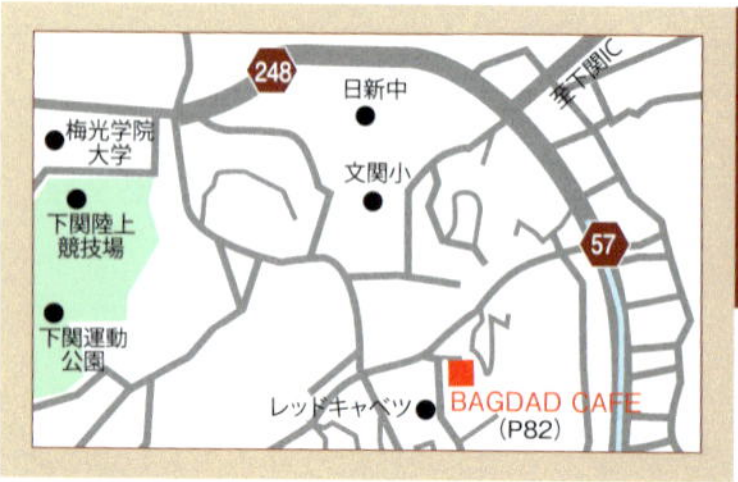

下関市綾羅木本町

下関市形山町

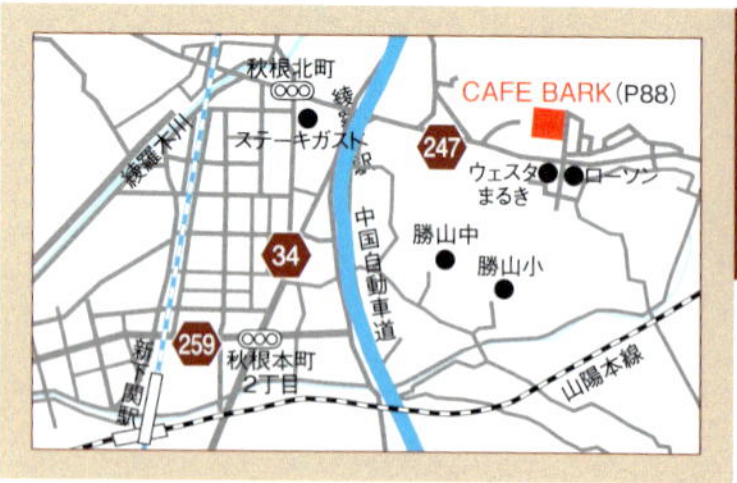

下関市長府川端

萩市

長門市俵山

萩市江崎

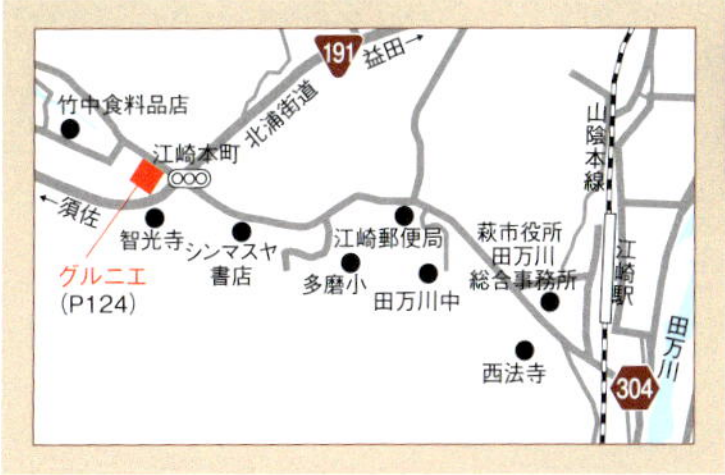

美祢市秋吉台

長門市仙崎

さくいん

〈プロフィール〉

國本愛（くにもと・あい）

イラストレーター。千葉県千葉市生まれ、数年前、萩市に移住。幼少時から好きだった「絵を描くこと」を仕事にして約20年。「ポパイ別冊いいもの図鑑」表紙を皮切りに、今はアーティストの夫とユニットで幅広いタッチのイラストを受注。そのかたわら、築約200年の古民家で、祖父から継いだ画材屋、アート教室、本文（P110）で紹介したバー、ピタ屋を営んでいる。

店についてをブログ「萩画房（アメブロ）」、
作品をブログ「アモールアミーゴ（ブログスポット）」で紹介。

写真	國本愛
ブックデザイン	川上夏子（クワズイモデザインルーム）
DTP・地図	黒木留実（BEING）
取材協力	國本ゆうじ
編集	池田雪（書肆侃侃房）

※本書の情報は、2015年10月現在のものです。価格は税込の表記です。
発行後に変更になる場合があります

山口カフェ散歩

2015年12月 1日　第1版第1刷発行
2016年 3月23日　第1版第2刷発行

著　者　國本愛
発行者　田島安江
発行所　書肆侃侃房（しょしかんかんぼう）
〒810-0041 福岡市中央区大名2-8-18 天神パークビル501
システムクリエート内
TEL 092-735-2802　FAX 092-735-2792
http://www.kankanbou.com
info@kankanbou.com

印刷・製本　アロー印刷株式会社

ISBN978-4-86385-206-8　C0026

書肆侃侃房のカフェ散歩シリーズ

【全冊共通】A5判、並製、144ページオールカラー　定価:本体1,300円＋税

〈九州・沖縄地方〉

「福岡カフェ散歩」上野万太郎

北に博多湾、東西には市内を見渡す山々、そして中央を流れる那珂川と、自然豊かな都市・福岡。珈琲に料理にスイーツにこだわるオーナーの心意気がつまったカフェ50店を紹介。

ISBN978-4-86385-099-6

「北九州カフェ散歩」久原茂保

小倉・門司・八幡・戸畑・若松。地域ごとに様々な表情を見せる北九州。歴史と文化が薫る街で味わうコーヒーと素晴らしきロケーション。人情味溢れる店主たちの50の物語。

2刷 ISBN978-4-86385-140-5

「長崎カフェ散歩」坂井恵子

路面電車、美しい教会に眼鏡橋、名城も残る歴史のまち。古くから海外と交易を行ってきた長崎を歩けば、坂道に出合い、小さなカフェにめぐり合う。思い出を添える50のカフェタイム。

ISBN978-4-86385-170-2

「沖縄カフェ散歩」高橋玲子

美しい海を一望する南部、変貌を続ける那覇、基地と共存するチャンプルー文化の中部、リゾートとやんばるの森の北部。沖縄本島の南から北まで、愛するカフェと一期一会のひととき。

ISBN978-4-86385-163-4

そのほか好評発売中!

「熊本カフェ散歩(3刷)」
「熊本の海カフェ山カフェ」
「佐賀カフェ散歩」
「鹿児島カフェ散歩」
「大分カフェ散歩(2刷)」
「宮崎カフェ散歩(2刷)」
「千葉の海カフェ」

〈関西・中国・四国・関東地方〉

「兵庫カフェ散歩」塚口 肇

日本海の但馬から瀬戸内海の淡路島まで、広い兵庫県をぐるりと訪ねたカフェ巡り。神戸、芦屋などの街や自然豊かな地域など幅広く、その土地に根付いた多彩な50店を網羅。

ISBN978-4-86385-171-9

「岡山カフェ散歩」川井豊子

メインストリートから路地裏、棚田から海辺まで、やりたいことを形にした岡山のカフェ50店。カフェとの出合いは、様々な人とストーリーとの出会いの予感。 ISBN978-4-86385-181-8

「広島カフェ散歩」河野友見

6本の川が走る"水の都"広島市を巡り、そこで出合ったのは、店に珈琲に情熱を注ぐ店主たち。こだわりや魅力はそれぞれ。毎日訪ねたくなるような、個性豊かな50のカフェがここに集う。

ISBN978-4-86385-180-1

「愛媛カフェ散歩」トミオカナミ

珈琲と夢中で戯れる珈琲びと。馴染みのカフェや、知らなかったカフェと、一杯の楽しみ方が変わるかもしれない……。松山市内を中心に、県内を訪ね歩いた珈琲物語50選。

ISBN978-4-86385-145-0

「横浜カフェ散歩」MARU

異国情緒漂う横浜を巡り、出合ったカフェたち。40年以上続く純喫茶でタイムトリップし、代官坂のカフェでジブリ映画の世界に浸り、中華街で異国に迷い込み、美しい空間に恋をした。

ISBN978-4-86385-198-6